高等职业教育建筑经济管理专业教学基本要求

高职高专教育土建类专业教学指导委员会
工程管理类专业分指导委员会 编制

中国建筑工业出版社

图书在版编目(CIP)数据

高等职业教育建筑经济管理专业教学基本要求/高职高专教育土建类专业教学指导委员会工程管理类专业分指导委员会编制. —北京：中国建筑工业出版社，2012.12
ISBN 978-7-112-15035-9

Ⅰ.①高… Ⅱ.①高… Ⅲ.①建筑经济-经济管理-高等职业教育-教学参考资料 Ⅳ.①F407.9

中国版本图书馆 CIP 数据核字（2013）第 008654 号

责任编辑：朱首明　聂　伟
责任设计：李志立
责任校对：张　颖　刘　钰

高等职业教育建筑经济管理专业教学基本要求

高职高专教育土建类专业教学指导委员会
工程管理类专业分指导委员会 编制

*

中国建筑工业出版社出版、发行(北京西郊百万庄)
各地新华书店、建筑书店经销
北京红光制版公司制版
北京云浩印刷有限责任公司印刷

*

开本：787×1092毫米　1/16　印张：5¾　字数：137 千字
2012 年 12 月第一版　2012 年 12 月第一次印刷
定价：19.00 元
ISBN 978-7-112-15035-9
(23135)

版权所有　翻印必究
如有印装质量问题，可寄本社退换
(邮政编码　100037)

土建类专业教学基本要求审定委员会名单

主　任： 吴　泽

副主任： 王凤君　袁洪志　徐建平　胡兴福

委　员：（按姓氏笔划排序）

丁夏君　马松雯　王　强　危道军　刘春泽

李　辉　张朝晖　陈锡宝　武　敬　范柳先

季　翔　周兴元　赵　研　贺俊杰　夏清东

高文安　黄兆康　黄春波　银　花　蒋志良

谢社初　裴　杭

出 版 说 明

近年来，土建类高等职业教育迅猛发展。至 2011 年，开办土建类专业的院校达 1130 所，在校生近 95 万人。但是，各院校的土建类专业发展极不平衡，办学条件和办学质量参差不齐，有的院校开办土建类专业，主要是为满足行业企业粗放式发展所带来的巨大人才需求，而不是经过办学方的长远规划、科学论证和科学决策产生的自然结果。部分院校的人才培养质量难以让行业企业满意。这对土建类专业本身的和土建类专业人才的可持续发展，以及服务于行业企业的技术更新和产业升级带来了极大的不利影响。

正是基于上述原因，高职高专教育土建类专业教学指导委员会（以下简称"土建教指委"）遵从"研究、指导、咨询、服务"的工作方针，始终将专业教育标准建设作为一项核心工作来抓。2010 年启动了新一轮专业教育标准的研制，名称定为"专业教学基本要求"。在教育部、住房和城乡建设部的领导下，在土建教指委的统一组织和指导下，由各分指导委员会组织全国不同区域的相关高等职业院校专业带头人和骨干教师分批进行专业教学基本要求的开发。其工作目标是，到 2013 年底，完成《普通高等学校高职高专教育指导性专业目录（试行）》所列 27 个专业的教学基本要求编制，并陆续开发部分目录外专业的教学基本要求。在百余所高等职业院校和近百家相关企业进行了专业人才培养现状和企业人才需求的调研基础上，历经多次专题研讨修改，截至 2012 年 12 月，完成了第一批 11 个专业教学基本要求的研制工作。

专业教学基本要求集中体现了土建教指委对本轮专业教育标准的改革思想，主要体现在两个方面：

第一，为了给各院校留出更大的空间，倡导各学校根据自身条件和特色构建校本化的课程体系，各专业教学基本要求只明确了各专业教学内容体系（包括知识体系和技能体系），不再以课程形式提出知识和技能要求，但倡导工学结合、理实一体的课程模式，同时实践教学也应形成由基础训练、综合训练、顶岗实习构成的完整体系。知识体系分为知识领域、知识单元和知识点三个层次。知识单元又分为核心知识单元和选修知识单元。核心知识单元提供的是知识体系的最小集合，是该专业教学中必要的最基本的知识单元；选修知识单元是指不在核心知识单元内的那些知识单元。核心知识单元的选择是最基本的共性的教学要求，选修知识单元的选择体现各校的不同特色。同样，技能体系分为技能领域、技能单元和技能点三个层次组成。技能单元又分为核心技能单元和选修技能单元。核心技能单元是该专业教学中必要的最基本的技能单元；选修技能单元是指不在核心技能单元内的那些技能单元。核心技能单元的选择是最基本的共性的教学要求，选修技能单元的选择体现各校的不同特色。但是，考虑到部分院校的实际教学需求，专业教学基本要求在附录 1《专业教学基本要求实施示例》中给出了课程体系组合示例，可供有关院校参考。

　　第二，明确提出了各专业校内实训及校内实训基地建设的具体要求（见附录 2），包括：实训项目及其能力目标、实训内容、实训方式、评价方式，校内实训的设备（设施）配置标准和运行管理要求，实训师资的数量和结构要求等。实训项目分为基本实训项目、选择实训项目和拓展实训项目三种类型。基本实训项目是与专业培养目标联系紧密，各院校必须开设，且必须在校内完成的职业能力训练项目；选择实训项目是与专业培养目标联系紧密，各院校必须开设，但可以在校内或校外完成的职业能力训练项目；拓展实训项目是与专业培养目标相联系，体现专业发展特色，可根据各院校实际需要开设的职业能力训练项目。

　　受土建教指委委托，中国建筑工业出版社负责土建类各专业教学基本要求的出版发行。

　　土建类各专业教学基本要求是土建教指委委员和参与这项工作的教师集体智慧的结晶，谨此表示衷心的感谢。

高职高专教育土建类专业教学指导委员会
2012 年 12 月

前　言

《高等职业教育建筑经济管理专业教学基本要求》是根据教育部《关于委托各专业类教学指导委员会制（修）定"高等职业教育专业教学基本要求"的通知》（教职成司函【2011】158号）和住房和城乡建设部的有关要求，在高职高专教育土建类专业教学指导委员会的组织领导下，由工程管理类专业分指导委员会编制完成。

本教学基本要求编制过程中，对职业岗位、所需专业知识和专业技能等开展了广泛而充分的调查，在此基础上，认真总结实践经验，对专业人才培养目标与规格、专业知识体系和专业技能体系进行了深入研究，经过广泛征求意见和多次修改而定稿。

本教学基本要求主要内容包括：专业名称、专业代码、招生对象、学制与学历、就业面向、培养目标与规格、职业证书、教育内容及标准、专业办学基本条件和教学建议、继续学习深造建议，以及"建筑经济管理专业教学基本要求实施示例"和"建筑经济管理专业校内实训及校内实训基地建设导则"两个附录。

本教学基本要求是高等职业教育建筑经济管理专业建设的指导性文件，倡导各学校根据自身条件和特色构建校本化的课程体系，课程体系应覆盖本要求中知识/技能体系的知识/技能单元，尤其是核心知识/技能单元。

主 编 单 位：山西建筑职业技术学院

参 编 单 位：四川建筑职业技术学院　广西建设职业技术学院

主要起草人员：田恒久　范红岩　张　蔚　王　胜　贾丽明　闫玉红

主要审查人员：李　辉　黄兆康　夏清东　袁建新　刘　阳　刘建军　张秀萍

　　　　　　　李永光　李洪军　李英俊　陈润生　胡六星　郭起剑　王艳萍等

专业指导委员会衷心地希望，全国各有关高职院校能够在本文件的原则性指导下，进行积极的探索和深入的研究，为不断完善建筑经济管理专业的建设与发展作出自己的贡献。

高职高专教育土建类专业教学指导委员会
工程管理类专业分指导委员会主任　李辉

目 录

1 专业名称 …………………………………………………………………………… 1
2 专业代码 …………………………………………………………………………… 1
3 招生对象 …………………………………………………………………………… 1
4 学制与学历 ………………………………………………………………………… 1
5 就业面向 …………………………………………………………………………… 1
6 培养目标与规格 …………………………………………………………………… 2
7 职业证书 …………………………………………………………………………… 3
8 教育内容及标准 …………………………………………………………………… 3
9 专业办学基本条件和教学建议 …………………………………………………… 47
10 继续学习深造建议 ………………………………………………………………… 52
附录1 建筑经济管理专业教学基本要求实施示例 ………………………………… 53
附录2 建筑经济管理专业校内实训及校内实训基地建设导则 …………………… 73

高等职业教育建筑经济管理专业教学基本要求

1 专业名称

建筑经济管理

2 专业代码

560503

3 招生对象

普通高中毕业生

4 学制与学历

三年制,专科

5 就业面向

建筑经济管理专业就业面向见表1。

建筑经济管理专业就业面向　　　　　　　　　表1

专业方向	就业职业领域	初始就业岗位群		预计5年后	
		主要职业岗位	相近职业岗位	发展岗位群	职(执)业资格证书
建筑会计与审计方向	建筑施工企业,房地产开发企业,工程造价、会计与审计、工程项目管理等咨询企业	会计员、审计员	成本核算员、造价员、资料员、统计员	会计主管、审计主管	会计师、注册会计师、注册造价工程师
建筑物资管理方向		材料员		物资管理主管、采购经理	物流管理师

6 培养目标与规格

6.1 培养目标

本专业培养适应社会主义市场经济需要，德、智、体、美等方面全面发展，面向建筑施工企业，房地产开发企业，工程造价、会计与审计、工程项目管理等咨询企业的经济与管理岗位，具备专业必需的基础理论和专业技术，能从事建筑财务会计、工程审计或建筑物资管理等工作，具有吃苦耐劳和奉献精神的高级技术技能人才。

6.2 人才培养规格

1. 基本素质

具备科学的世界观、人生观、价值观和良好的职业道德；具有强健的体魄，良好的心理素质；具有良好的语言表达能力和社交能力，一定的外语表达能力，熟练的计算机应用能力，健全的法律意识，较强的创新精神和创业能力。

2. 知识要求

（1）文化基础知识

掌握应用文写作知识；掌握一门外国语的基础知识；掌握高等数学基础知识；了解统计基础知识；熟悉计算机的基本知识；理解政治、法律基础知识；了解公共关系的一般知识。

（2）工程技术方面

熟悉常用建筑、装饰材料及制品的名称、规格、性能、质量标准、检验方法、储备保管、使用等方面的知识；了解建筑设备的性能、系统组成、工作原理和施工工艺；熟悉建筑制图标准和建筑施工图的绘制方法，理解工业与民用建筑的建筑、结构的一般构造；了解一般工业与民用建筑各主要分部分项工程的施工工艺、施工程序、质量标准。

（3）经济基础方面

理解经济基本理论；了解经济法的基础知识；理解建筑市场相关的建设法规。

（4）会计与审计方面

理解会计要素的内容以及会计核算的原则；熟悉会计核算的基本方法；掌握工程成本核算、附属企业产品和作业成本的计算以及财务会计报告的编制方法；初步掌握财务会计和建筑企业财务管理的基本理论、基本知识和基本方法；掌握审计的基本理论、基本知识和基本方法。

（5）工程造价方面

掌握建筑工程定额的原理和应用方法；掌握建筑工程预算和结算的编制程序和方法；掌握建设工程工程量清单计价的理论与方法；掌握工程造价软件应用的方法；熟悉工程招、投标的程序；熟悉合同管理的内容和工程合同体系。

（6）物资管理方面

熟悉物资采购招标法律法规的基础知识；掌握物资采购的招标投标程序；掌握工程项目物资管理的基本理论和基本方法；熟悉物资采购合同的内容。

专业方向岗位能力要求的不同，所需掌握的知识也有差异，设置专业的学校可根据实际情况进行调整。

3. 能力要求

（1）基本能力

会撰写常用应用文；会用外语进行一般的日常会话，能借助字典查阅本专业外文资料；会操作计算机，熟练掌握 WORD、EXCEL 等办公软件；能运用人文与社会科学的基本原理处理工作中的一般问题；能处理一般公共关系事务。

（2）建筑会计与审计方向专业能力

具有熟练地填制会计凭证、登记会计账簿、编制财务会计报告的能力；具有熟练进行各生产要素费用的核算、工程成本的计算和分析能力；具有利用财务会计软件进行成本计算和日常会计核算能力；具有建筑工程造价文件编制能力；具有工程审计的能力。

（3）物资管理方向专业能力

具备常用建筑安装材料的检测、储备保管、应用等方面的技能；能够根据相关规定进行物资采购的招标工作和购销合同管理能力；能结合建筑工程项目施工生产活动过程，从事物资管理工作，具有熟练地运用物资消耗定额编制物资供应计划、进行现场物资管理、物资成本核算和物资管理信息处理的能力。

4. 职业态度

良好的诚信品质，强烈的敬业精神和责任意识，较好的团队协作能力，艰苦奋斗、勤奋好学、实干创新。

7 职业证书

初始职业证书：

建筑会计与审计方向：会计员、审计员、造价员；

建筑物资管理方向：材料员、资料员。

发展职（执）业证书：

建筑会计与审计方向：中级会计师、注册会计师、造价工程师；

建筑物资管理方向：物流管理师。

8 教育内容及标准

8.1 教育内容体系框架

建筑经济管理专业教育内容体系框架如图 1 所示。

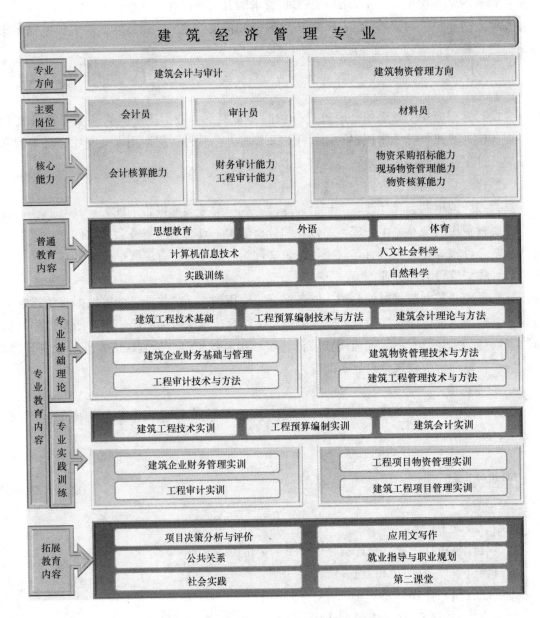

图 1　建筑经济管理专业教育内容体系框架

8.2　专业教学内容及标准

1. 专业知识、技能体系一览

建筑经济管理专业平台知识体系见表 2，建筑会计与审计方向专业知识体系见表 3，建筑物资供应与管理方向专业知识体系见表 4，建筑经济管理专业平台技能体系见表 5，建筑会计与审计方向专业技能体系见表 6，建筑物资供应与管理方向专业技能体系见表 7。

建筑经济管理专业平台知识体系一览　　　　表2

知识领域	知识单元		知 识 点
1. 建筑工程技术基础	核心知识单元	（1）建筑识图基础	1）建筑制图基本知识 2）投影的基本知识 3）建筑形体投影图的画法与识读 4）剖面图与断面图 5）轴测投影
		（2）建筑构造	1）民用建筑构造基本知识 2）基础与地下室 3）墙体 4）楼地层 5）楼梯及其他垂直交通设施 6）屋顶 7）门窗 8）工业建筑构造
		（3）建筑施工图识读	1）建筑工程图基本知识 2）建筑施工图的形成、内容、绘制与识读
		（4）建筑与装饰材料的基本性质	1）材料的物理性质 2）材料的力学性质 3）材料的耐久性 4）材料的装饰性与环境协调性
		（5）常用建筑材料	1）无机胶凝材料 2）混凝土 3）建筑砂浆 4）墙体材料 5）建筑钢材 6）防水材料
		（6）常用装饰材料	1）天然石材 2）建筑玻璃 3）建筑陶瓷 4）建筑塑料 5）建筑涂料 6）木材 7）绝热与吸声、隔声材料
		（7）建筑施工内容与工艺	1）土方工程施工内容与工艺 2）地基与基础工程施工内容与工艺 3）砌体工程施工内容与工艺 4）钢筋混凝土工程施工内容与工艺 5）预应力混凝土与结构吊装工程施工内容与工艺 6）钢结构工程施工内容与工艺 7）防水工程施工内容与工艺 8）装饰工程施工内容与工艺

续表

知识领域	知识单元		知 识 点
1. 建筑工程技术基础	选修知识单元	(8) 建筑基本构件知识	1) 建筑结构的基本设计原则 2) 钢筋混凝土受弯构件基本知识 3) 钢筋混凝土受压构件基本知识 4) 钢筋混凝土受扭构件基本知识 5) 预应力混凝土构件基本知识
		(9) 建筑结构基本知识	1) 钢筋混凝土梁板结构基本知识 2) 钢筋混凝土多层与高层结构基本知识 3) 砌体结构基本知识 4) 钢结构基本知识 5) 建筑基础的基本知识
		(10) 建筑结构施工图知识	1) 基础图 2) 楼（屋）盖结构平面布置图 3) 梁、板、柱配筋图 4) 楼梯结构详图 5) 混凝土结构施工图平面整体表示方法 6) 钢屋架施工图
2. 工程预算编制技术与方法	核心知识单元	(1) 钢筋工程量计算	1) 平法制图规则 2) 梁平法施工图及钢筋工程量计算 3) 柱平法施工图及钢筋工程量计算 4) 剪力墙平法施工图及钢筋工程量计算 5) 现浇混凝土楼面板与屋面板平法施工图及钢筋工程量计算 6) 现浇混凝土板式楼梯平法施工图及钢筋工程量计算 7) 基础、地下室结构平法施工图及钢筋工程量计算
		(2) 建筑工程预算定额应用	1) 单价的组成与计算 2) 预算定额的应用
		(3) 建筑工程量计算	1) 建筑面积计算 2) 土石方工程量计算 3) 砌筑工程工程量计算 4) 混凝土、钢筋混凝土及模板工程工程量计算 5) 金属结构制作工程量计算 6) 构件运输及安装工程量计算 7) 防水、保温工程量计算 8) 垫层、找平层工程工程量计算 9) 脚手架工程量计算 10) 垂直运输及超高增加工程量计算 11) 装饰装修工程量计算
		(4) 建筑工程造价费用计算	1) 直接费计算及工料机用量分析 2) 间接费计算 3) 利润与税金计算

续表

知识领域	知识单元		知 识 点
3. 建筑会计理论与方法	核心知识单元	(1) 会计原理	1) 会计基本知识 2) 会计要素和会计等式 3) 会计科目及会计账户 4) 复式记账方法
		(2) 会计核算	1) 企业主要经济业务的核算 2) 会计凭证 3) 会计账簿 4) 财产清查 5) 财务会计报告 6) 会计账务处理程序
		(3) 施工企业成本核算	1) 工程成本核算基本理论 2) 工程成本与期间费用 3) 施工企业收入和利润的核算 4) 施工企业成本报表的编制

建筑经济管理专业（建筑会计与审计方向）专业知识体系一览　　　　表3

知识领域	知识单元		知 识 点
1. 建筑会计理论与方法	核心知识单元	(1) 会计职业道德	1) 会计法律制度 2) 支付结算法律制度 3) 税收征收管理法律制度 4) 会计职业道德
		(2) 财务会计核算	1) 货币资金和应收款项 2) 存货 3) 固定资产 4) 投资性房地产 5) 无形资产及其他资产 6) 金融资产 7) 非货币性资产交换 8) 负债 9) 所有者权益 10) 收入 11) 费用 12) 利润 13) 财务报告 14) 会计调整
		(3) 会计电算化软件的应用	1) 会计电算化的基本理论 2) 会计电算化的管理与工作的开展 3) 会计信息系统管理 4) 总账系统 5) 工资管理 6) 报表管理
	选修知识单元	(4) 房地产开发企业会计	1) 物资准备业务的核算 2) 房地产开发成本的核算 3) 房地产开发企业收入和费用的核算 4) 房地产开发企业税务筹划 5) 财务会计报告

续表

知识领域	知识单元		知识点
2. 建筑企业财务基础与管理	核心知识单元	(1) 建筑企业财务分析	1) 建筑企业财务分析的方法 2) 建筑企业财务分析的内容及指标 3) 建筑企业财务综合分析
		(2) 建筑企业财务管理的基本内容	1) 建筑企业融资管理 2) 建筑企业投资决策管理 3) 建筑企业营运资金管理 4) 建筑企业收益分配决策管理
		(3) 建筑企业财务计划与控制	1) 建筑企业财务预算的编制方法 2) 现金预算的编制方法 3) 预计财务报表的编制 4) 责任中心 5) 责任预算 6) 内部转移价格和内部结算方式
		(4) 经济法律知识	1) 经济法基本理论 2) 仲裁与诉讼 3) 内资企业法律制度 4) 公司法律制度 5) 外商投资企业法律制度 6) 企业破产法律制度 7) 合同法律制度 8) 证券法律制度 9) 票据法律制度 10) 知识产权法律制度
	选修知识单元	(5) 财政与金融知识	1) 财政收入 2) 政府预算 3) 金融机构体系 4) 金融市场 5) 财政金融宏观调控
		(6) 税务与税法	1) 税收、税法、税务会计基础知识 2) 增值税 3) 消费税 4) 营业税 5) 城市维护建设税与教育费附加 6) 企业所得税 7) 个人所得税 8) 其他税法

续表

知识领域	知识单元		知 识 点
3. 工程审计技术与方法	核心知识单元	（1）工程量清单编制	1）《建设工程工程量清单计价规范》基础知识 2）工程量清单计价表格使用 3）建筑工程量清单编制
		（2）工程量清单计价编制	1）分部分项工程量清单项目综合单价编制 2）措施项目清单项目综合单价编制 3）分部分项工程量清单项目费计算 4）措施项目清单费计算 5）其他项目清单费计算 6）规费项目清单费计算 7）税金项目清单费计算
		（3）审计基本知识	1）财务报表审计的目标和一般原则 2）审计方法和审计过程 3）审计业务约定书和计划审计工作 4）审计证据和审计工作底稿 5）审计重要性与审计风险 6）风险评估与风险应对 7）业务循环审计 8）货币资金审计 9）审计终结和审计报告
	选修知识单元	（4）建筑工程计量、计价软件应用	1）墙、柱、梁、板的绘制，定义构件属性，编辑构件，构件做法 2）阳台、栏杆、雨篷、天井、坡道、挑檐的绘制，定义构件及工程做法 3）房屋装饰的绘制，定义构件及工程做法 4）条形基础、独立基础、基础土方的绘制，定义构件及工程做法 5）清单计价 6）定额计价

建筑经济管理专业（建筑物资供应与管理方向）专业知识体系一览　　　　表4

知识领域	知识单元		知 识 点
1. 建筑工程技术基础	核心知识单元	民用建筑设备系统	1）建筑给水排水系统 2）建筑采暖系统 3）建筑通风与空气调节 4）建筑电气系统 5）建筑设备监控与火灾自动报警系统

续表

知识领域	知识单元	知识点
2.建筑物资管理技术与方法	核心知识单元	
	(1) 建筑企业物资管理的内容与方法	1) 物资管理基础知识 2) 物资消耗定额管理 3) 建筑物资储备定额管理 4) 建筑物资计划管理 5) 建筑物资供应管理 6) 建筑物资采购管理 7) 建筑物资运输管理 8) 建筑物资库存管理 9) 建筑施工现场物资管理 10) 物资材料核算管理
	(2) 招标采购相关法律法规	1) 招标投标的法律法规体系 2) 招标投标的当事人 3) 招标相关法律制度 4) 投标相关法律制度 5) 开标、评标和中标的相关法律制度 6) 招标投标争议的解决 7) 法律责任
	选修知识单元	
	(3) 物资管理信息系统的应用	1) 测算与计划 2) 采购管理 3) 库房与现场 4) 结算支付
	(4) 物流管理基础知识	1) 现代物流基础理论 2) 商品运输与储存 3) 商品装卸搬运及物流标准化 4) 商品包装和集装化 5) 商品配送和流通加工 6) 物流信息技术和信息系统 7) 企业物流外包和第三方物流
	(5) 电子商务基础知识	1) 电子商务的模式 2) 电子商务的技术基础 3) 电子商务网络营销 4) 电子商务物流 5) 电子商务网络支付 6) 电子商务安全技术 7) 电子商务法律

续表

知识领域	知识单元		知识点
3. 建筑工程管理技术与方法	核心知识单元	（1）建筑工程项目管理规划	1）建筑工程项目管理规划大纲 2）建筑工程项目管理实施规划 3）施工组织设计
		（2）建筑工程项目施工现场管理	1）建筑工程项目进度管理 2）建筑工程项目质量管理 3）建筑工程项目成本管理 4）建筑工程项目职业健康安全管理 5）建筑工程项目环境管理 6）建筑工程项目收尾管理
		（3）建筑工程资料管理	1）建筑工程资料的归档管理 2）建筑工程质量验收资料 3）原材料、工程实体检测的见证取样及试验资料的收集整理 4）建筑工程资料的分类归档
	选修知识单元	（4）工程项目招标与投标	1）工程项目管理模式 2）建设工程招标投标范围、方式、程序 3）建设工程招标文件与投标文件编制
		（5）建设工程合同管理	1）合同的概念、分类，建设工程合同的组成 2）建设工程施工合同的策划与风险管理 3）建设工程施工合同的谈判与签订 4）建设工程施工合同履约管理 5）建设工程施工合同争议处理 6）工程施工索赔管理

建筑经济管理专业平台技能体系一览　　　　表5

技能领域	技能单元		技能点
1. 建筑工程技术	核心技能单元	（1）建筑材料检测	1）水泥检测 2）混凝土用集料检测 3）混凝土检测 4）钢筋检测 5）墙体材料检测
		（2）民用建筑施工图识读	1）识读一般民用建筑施工图 2）绘制一般民用建筑施工图
	选修技能单元	（3）建筑基础认知	1）对建筑材料、构造、施工工艺的整体了解和综合应用的理解 2）识读建筑施工图和结构施工图 3）撰写工程日记和工程报告
		（4）工业建筑施工图识读	1）识读一般工业建筑施工图 2）绘制一般工业建筑施工图 3）进行简单的构造方案设计

续表

技能领域	技能单元		技能点
2. 工程预算编制实训	核心技能单元	（1）钢筋翻样与算量	1）识读混凝土结构施工图 2）钢筋排列与布置，钢筋长度计算 3）钢筋列表和钢筋材料汇总
		（2）建筑工程预算	1）列项、工程量计算 2）预算定额的套用与换算 3）直接费计算，工料分析及汇总 4）间接费、利润、税金计算 5）预算书装订
3. 建筑会计	核心技能单元	（1）会计基础业务处理	1）建账 2）填制和审核会计凭证 3）登记会计账簿 4）进行成本计算和损益核算 5）编制财务报告
		（2）施工企业成本核算	1）建账 2）填制和审核凭证 3）登记日记账及明细账 4）编制记账凭证汇总表 5）登记总账 6）对账、结账 7）编制试算平衡表 8）编制成本报表 9）整理装订

建筑经济管理专业（建筑会计与审计方向）专业技能体系一览　　表6

技能领域	技能单元		技能点
1. 建筑会计	核心技能单元	（1）财务会计业务处理	1）货币资金与往来款项会计业务 2）存货会计业务 3）非流动资产会计业务 4）收入、费用会计业务 5）财务会计报告的编制
		（2）财务会计综合实训	1）手工操作技能点 ①设置会计账簿 ②填制和审核会计凭证 ③登记会计账簿 ④进行成本计算和损益核算 ⑤财务报告的编制及分析 2）上机操作技能点 ①账务处理系统的操作 ②报表处理系统的操作 ③工资核算系统的操作
	选修技能单元	（3）会计基本技能	1）珠算 2）小键盘录入 3）点钞 4）其他财务工具操作
		（4）房地产开发成本会计业务处理	1）开发企业设立阶段业务 2）房地产开发过程典型业务 3）合作开发业务

续表

技能领域	技能单元		技能点
2. 建筑企业财务管理	选修技能单元	建筑企业财务管理	1) 财务分析模型 2) 投资决策模型 3) 筹资决策模型 4) 财务计划模型
3. 工程审计	核心技能单元	(1) 工程量清单计价	1) 分部分项工程量清单项目的工料机消耗量计算、汇总 2) 分部分项工程量清单项目综合单价的计算 3) 措施项目费的计算 4) 规费和税金计算 5) 工程造价汇总 6) 编写编制说明，填写封面，装订成册
		(2) 工程造价综合实训	1) 定额的应用 2) 定额计价法编制费用文件 3) 清单文件的编制 4) 清单计价文件的编制
		(3) 审计基础	1) 编写审计方案 2) 编制审计工作底稿 3) 撰写审计报告 4) 专业调查报告

建筑经济管理专业（建筑物资供应与管理方向）专业技能体系一览　　表7

技能领域	技能单元		技能点
1. 建筑物资供应与管理	核心技能单元	(1) 工程项目物资成本核算	1) 物资收入核算 2) 物资支出核算 3) 物资消耗统计 4) 物资消耗的实际成本核算
		(2) 工程项目物资管理综合实训	1) 编制工程项目物资需求量计划 2) 编制工程项目物资采购计划 3) 编制工程项目物资现场管理计划 4) 进行物资成本核算 5) 采用物资管理信息系统辅助管理
	选修技能单元	(3) 物流单证	1) 物流单据的编制原则与填写原则 2) 各种不同物流单据的运作流程

续表

技能领域	技能单元		技能点
2. 建筑工程管理实训	核心技能单元	(1) 物资采购招标文件编制	1) 编制招标公告（或投标邀请书） 2) 编制投标人须知 3) 确定评标办法 4) 确定合同条款及格式 5) 编制技术规范书 6) 确定投标文件格式
	选修技能单元	(2) 物资采购交易模拟演练	1) 模拟物资采购项目开标的场景及开标过程 2) 模拟物资采购项目评标过程 3) 模拟确定中标人、发中标通知书的过程
		(3) 单位工程施工组织设计	1) 工程概况的编写 2) 施工方案的编写 3) 施工进度计划的编制 4) 施工平面布置图的设计与绘制 5) 目标控制措施的编写 6) 主要技术经济指标的计算
		(4) 建筑工程资料管理	1) 原材取样送检 2) 不同工程项目的检验批划分 3) 填写施工现场各类资料表格 4) 随工程进度归档整理相关工程资料 5) 进行工程施工资料的分类、组卷和装订 6) 移交工程资料

2. 核心知识单元、技能单元教学要求

核心知识单元、技能单元教学要求见表 8～表 51。

建筑识图基础知识单元教学要求　　　　　　　　　　表 8

单元名称	建筑识图基础	最低学时	40 学时
教学目标	了解投影基本知识，熟悉建筑制图基本知识，掌握投影基本原理和建筑制图标准。通过本单元的学习，使学生掌握正投影图的特性、成图原理和规律，能够正确地绘制和识读组合体三视图、剖断面图及轴测图			
教学内容	1. 建筑制图基本知识 建筑制图标准、制图工具与用法、制图的基本方法 2. 投影的基本知识 投影的形成与分类；三视图及对应关系；点、线、面的投影 3. 建筑形体投影图的画法与识读 基本体的投影；组合体的投影 4. 剖面图与断面图 剖面图的形成、画法与类型；断面图的形成、画法与类型 5. 轴测投影 轴测投影的基本知识；轴测投影图的画法			

续表

单元名称	建筑识图基础	最低学时	40 学时
教学方法建议	1. 讲授法 2. 演示法 3. 讨论法 4. 理实一体化综合练习法		
考核评价要求	1. 采用自评、互评、教师评价相结合的方式 2. 考核评价组成要素：学生出勤、课堂表现、作业完成情况、阶段性测验成绩 3. 合理设置考核评价组成要素的权重，体现过程与结果、知识与能力并重的原则		

建筑构造知识单元教学要求　　　　　　　　　　　表 9

单元名称	建筑构造	最低学时	56 学时
教学目标	了解房屋建筑基本知识，熟悉建筑物各构造组成部分的构造原理，掌握建筑物各部分的构造做法，为下一步能综合运用建筑构造知识进行建筑施工图的识读，理解设计意图初步并建立施工概念打好基础。通过本单元的学习，使学生具备选择合理的构造方案解决工程实际问题的能力，以及查阅相关规范和图集资料的能力		
教学内容	1. 民用建筑构造基本知识 建筑分类与等级、建筑模数协调、建筑变形缝、常用的建筑术语 2. 基础与地下室 基础与地基的概念、基础埋深、基础的类型与构造；地下室的类型、地下室组成、采光井的构造、地下室的防潮与防水构造 3. 墙体 墙体的类型，砖墙的一般构造与散水、墙身防潮、勒脚、窗台、过梁、圈梁、构造柱的构造、砌块墙构造、隔墙与隔断、墙面装修构造 4. 楼地层 楼地层的组成、现浇钢筋混凝土楼板、预制钢筋混凝土楼板、楼地面的构造、顶棚、阳台与雨篷 5. 楼梯及其他垂直交通设施 楼梯的类型、楼梯的组成与尺度、钢筋混凝土楼梯的构造、室外台阶与坡道 6. 屋顶 平屋顶的排水构造、防水构造、保温隔热构造；坡屋顶的构造 7. 门窗 窗的类型与尺度、组成、安装构造；门的类型与尺度、组成、安装构造，遮阳构造 8. 工业建筑构造 工业建筑的分类，单层工业厂房的组成和类型、起吊运输设备、定位轴线、主要结构构件		
教学方法建议	1. 讲授法 2. 演示法 3. 讨论法 4. 理实一体化综合练习法		
考核评价要求	1. 采用自评、互评、教师评价相结合的方式 2. 考核评价组成要素：学生出勤、课堂表现、作业完成情况、阶段性测验成绩 3. 合理设置考核评价组成要素的权重，体现过程与结果、知识与能力并重的原则		

建筑施工图识读知识单元教学要求 表 10

单元名称	建筑施工图识读	最低学时	24 学时
教学目标	了解建筑工程图与建筑施工图的组成、作用，熟悉并掌握建筑施工图（总平面图、平面图、立面图、剖面图、详图）的形成、图示内容和图示要求。通过本单元的学习，学生能够正确地识读一般民用建筑的建筑施工图，理解设计意图，按图施工。同时能在给定建筑方案的情况下，按照建筑制图标准和图示要求，正确地绘制出一般民用建筑的建筑施工图		
教学内容	1. 建筑工程图基本知识 建筑工程图的组成、特点；识读建筑工程图的方法和步骤 2. 建筑施工图的形成、内容、绘制与识读 首页图、总平面图、平面图、立面图、剖面图以及详图的形成、作用；图示内容与图示要求；绘制与识读方法		
教学方法建议	1. 讲授法 2. 演示法 3. 讨论法 4. 理实一体化综合练习法		
考核评价要求	1. 采用自评、互评、教师评价相结合的方式 2. 考核评价组成要素：学生出勤、课堂表现、作业完成情况、阶段性测验成绩 3. 合理设置考核评价组成要素的权重，体现过程与结果、知识与能力并重的原则		

建筑与装饰材料的基本性质知识单元教学要求 表 11

单元名称	建筑与装饰材料的基本性质	最低学时	8 学时
教学目标	掌握材料的基本物理性质、力学性质，熟悉材料的耐久性，了解材料的装饰性与环境协调性。建筑与装饰材料的基本性质是带有共性的知识，通过本单元学习，训练学生相应的思维方式，为学习建筑与装饰材料的其他知识奠定基础		
教学内容	1. 材料的物理性质 材料与质量有关的性质、材料与水有关的性质、热工性质 2. 材料的力学性质 材料的强度、强度等级 3. 材料的耐久性 材料的耐久性及提高耐久性的措施 4. 材料的装饰性与环境协调性 材料的装饰性、环境协调性		
教学方法建议	1. 讲授法 2. 案例教学法 3. 任务驱动法		
考核评价要求	1. 采用自评、互评、教师评价相结合的方式 2. 考核评价组成要素：学生出勤、课堂表现、作业完成情况、阶段性测验成绩 3. 合理设置考核评价组成要素的权重，体现过程与结果、知识与能力并重的原则		

常用建筑材料知识单元教学要求

表 12

单元名称	常用建筑材料	最低学时	30 学时
教学目标	掌握工程中常用建筑材料的品种、储存、质量标准、检测方法、材料的性能及其应用，了解建筑材料的发展动态。通过本单元的学习，使学生具备正确合理选择建筑材料的能力		
教学内容	1. 无机胶凝材料 建筑石灰、建筑石膏、水泥的品种、水化与凝结硬化、技术要求、性能及其应用 2. 混凝土 普通混凝土的基本组成材料、技术性质、外加剂和掺合料、配合比设计，其他混凝土品种及其应用 3. 建筑砂浆 建筑砂浆的组成材料、技术性质、常见建筑砂浆的应用 4. 墙体材料 烧结普通砖、烧结多孔砖和空心砖的品种、技术要求、性能及应用；非烧结砖和常用砌块的类型、性能及应用；常用墙用板材的类型、性能及应用 5. 建筑钢材 建筑钢材的主要技术性能，常用建筑钢材的品种与应用 6. 防水材料 常用防水材料的分类、基本用材、防水卷材、防水涂料、密封材料、坡屋面刚性防水材料的种类、性能及应用		
教学方法建议	1. 任务驱动法 2. 案例教学法 3. 头脑风暴法 4. 试验教学法		
考核评价要求	1. 采用自评、互评、教师评价相结合的方式 2. 考核评价组成要素：学生出勤、课堂表现、作业完成情况、阶段性测验成绩 3. 合理设置考核评价组成要素的权重，体现过程与结果、知识与能力并重的原则		

常用装饰材料知识单元教学要求

表 13

单元名称	常用装饰材料	最低学时	6 学时
教学目标	熟悉工程中常用装饰材料的品种、储存、质量标准、性能及其应用，了解装饰材料的发展动态。通过本单元的学习，使学生具备正确合理选择装饰材料的能力		
教学内容	1. 天然石材 天然石材的品种、储存、质量标准、性能及其应用 2. 建筑玻璃 建筑玻璃的品种、储存、质量标准、性能及其应用 3. 建筑陶瓷 建筑陶瓷的品种、储存、质量标准、性能及其应用 4. 建筑塑料 建筑塑料的品种、储存、质量标准、性能及其应用 5. 建筑涂料 建筑涂料的品种、储存、质量标准、性能及其应用 6. 木材 木材的品种、储存、质量标准、性能及其应用 7. 绝热与吸声、隔声材料 绝热与吸声、隔声材料的品种、储存、质量标准、性能及其应用		
教学方法建议	1. 讲授法 2. 演示法 3. 市场调查法		
考核评价要求	1. 采用自评、互评、教师评价相结合的方式 2. 考核评价组成要素：学生出勤、课堂表现、作业完成情况、阶段性测验成绩 3. 合理设置考核评价组成要素的权重，体现过程与结果、知识与能力并重的原则		

建筑施工内容与工艺知识单元教学要求　　　　　　　　　　　　　表 14

单元名称	建筑施工内容与工艺	最低学时	70 学时
教学目标	掌握建筑工程中主要分部分项工程的施工工艺和流程；熟悉主要工程施工的质量标准及验收规范；了解建筑施工技术的新发展、新成就。通过本单元学习，为后续工程预算编制奠定基础		
教学内容	1. 土方工程施工内容与工艺 　土的种类和工程性质、土方工程量的计算、土方边坡及其稳定、基坑土壁支护、基坑的排水降水方法、土方开挖施工、土方填筑施工、土方工程冬雨期施工 2. 地基与基础工程施工内容与工艺 　地基的处理与加固、浅基础工程施工、桩基础工程施工、其他形式深基础施工 3. 砌体工程施工内容与工艺 　砌体材料的种类及性质、砌筑用脚手架工程、砖石砌体施工、砌块砌体施工 4. 钢筋混凝土工程施工内容与工艺 　模板工程施工、钢筋工程施工、混凝土工程施工、混凝土冬期与雨期施工、钢筋混凝土工程施工质量控制检查 5. 预应力混凝土与结构吊装工程施工内容与工艺 　预应力混凝土构件施工、预应力混凝土施工、结构吊装施工 6. 钢结构工程施工内容与工艺 　钢结构的类型、钢结构的制作工艺、钢结构的安装工艺 7. 防水工程施工内容与工艺 　卷材防水屋面施工、涂膜防水屋面施工、刚性防水屋面施工、地下防水工程施工、卫生间防水施工、新型防水材料施工 8. 装饰工程施工内容与工艺 　楼地面装饰施工、墙柱体表面装饰施工、顶棚施工、门窗工程施工、涂料、油漆和裱糊施工		
教学方法建议	1. 视频录像教学法 2. 施工现场教学法 3. 案例分析法		
考核评价要求	1. 采用自评、互评、教师评价相结合的方式 2. 考核评价组成要素：学生出勤、课堂表现、作业完成情况、期末考试成绩、团队协作 3. 合理设置考核评价组成要素的权重，体现过程与结果、知识与能力并重的原则		

钢筋工程量计算知识单元教学要求　　　　　　　　　　　　　表 15

单元名称	钢筋工程量计算	最低学时	60 学时
教学目标	熟悉梁、板、柱、墙、楼梯和基础等各类构件的平面整体表示方法、标准构造详图和钢筋排布方式；掌握梁、板、柱、墙、楼梯和筏形基础等各类构件的钢筋量计算方法；了解混凝土结构设计规范和结构抗震规范的相关内容。通过本单元学习，能够识读钢筋混凝土结构施工图，独立完成整套典型混凝土结构施工图钢筋量的计算，具有列出钢筋列表和钢筋材料汇总表的能力		

续表

单元名称	钢筋工程量计算	最低学时	60 学时
教学内容	1. 平法制图规则 钢筋分类和连接方式，混凝土保护层厚度，环境类别等 2. 梁平法施工图及钢筋工程量计算 制图规则、标准构造详图，梁钢筋量计算方法，梁钢筋量计算实例分析 3. 柱平法施工图及钢筋工程量计算 制图规则、标准构造详图，柱钢筋量计算方法，柱钢筋量计算实例分析 4. 剪力墙平法施工图及钢筋工程量计算 制图规则、标准构造详图，剪力墙钢筋量计算方法，剪力墙钢筋量计算实例分析 5. 现浇混凝土楼面板与屋面板平法施工图及钢筋工程量计算 制图规则、标准构造详图，楼面板与屋面板钢筋量计算方法，楼面板与屋面板钢筋量计算实例分析 6. 现浇混凝土板式楼梯平法施工图及钢筋工程量计算 制图规则、标准构造详图，楼梯的钢筋量计算方法，板式楼梯钢筋量计算实例分析 7. 基础、地下室结构平法施工图及钢筋工程量计算 筏形基础、独立基础、条形基础、桩基承台、箱形基础和地下室结构的平法施工图的制图规则、标准构造详图，各类常用基础类型的钢筋量计算方法，各类基础钢筋量计算实例分析		
教学方法建议	1. 案例教学法 2. 讨论法 3. 综合项目实训教学法		
考核评价要求	1. 采用自评、互评、教师评价相结合的方式 2. 考核评价组成要素：学生出勤、课堂表现、作业完成情况、期中和期末考试成绩 3. 合理设置考核评价组成要素的权重，体现过程与结果、知识与能力并重的原则		

建筑工程预算定额应用知识单元教学要求　　　　　　　　　　　表 16

单元名称	建筑工程预算定额应用	最低学时	18 学时
教学目标	了解单价概念及组成，熟悉定额及预算价格的组成，掌握单价的计算、预算价格的四种基本换算。通过本单元学习，使学生具备翻阅定额的能力，能够在老师的指导下准确翻阅到对应章节，并利用定额子目内容进行基本换算		
教学内容	1. 单价的组成与计算 单价的组成；单价的计算 2. 预算定额的应用 预算定额的套用；预算定额的换算（配合比换算、系数调整换算、厚度换算、运距换算、加套定额换算等）；预算定额的补充		
教学方法建议	1. 讲授法 2. 同步操作法（老师与学生同步操作） 3. 演示法 4. 讨论法		
考核评价要求	1. 采用自评、互评、教师评价相结合的方式 2. 考核评价组成要素：学生出勤、课堂表现、作业完成情况、期中和期末考试成绩 3. 合理设置考核评价组成要素的权重，体现过程与结果、知识与能力并重的原则		

建筑工程量计算知识单元教学要求　　　　表 17

单元名称	建筑工程量计算	最低学时	78 学时
教学目标	了解相关施工工序，熟悉定额子目及子目工作内容、注释，掌握每一章节定额说明、计算规则及相关案例，精通预算列项、算量。通过师生的配合学习，使学生具备识图、列项、算量能力，见图不陌生，随时能上手		
教学内容	1. 建筑面积计算 建筑面积的组成、建筑面积计算规范 2. 土石方工程工程量计算 熟悉定额子目，掌握本章说明；掌握本章工程量计算规则及相关案例；列项，算量 3. 砌筑工程工程量计算 熟悉定额子目，掌握本章说明；掌握本章工程量计算规则及相关案例；列项，算量 4. 混凝土、钢筋混凝土及模板工程工程量计算 熟悉定额子目，掌握本章说明；掌握本章工程量计算规则及相关案例；列项，算量 5. 金属结构制作工程量计算 熟悉定额子目，掌握本章说明；掌握本章工程量计算规则及相关案例；列项，算量 6. 构件运输及安装工程工程量计算 熟悉定额子目，掌握本章说明；掌握本章工程量计算规则及相关案例；列项，算量 7. 防水、保温工程工程量计算 熟悉定额子目，掌握本章说明；掌握本章工程量计算规则及相关案例；列项，算量 8. 垫层、找平层工程工程量计算 熟悉定额子目，掌握本章说明；掌握本章工程量计算规则及相关案例；列项，算量 9. 脚手架工程量计算 熟悉定额子目，掌握本章说明；掌握本章工程量计算规则及相关案例；列项，算量 10. 垂直运输及超高增加工程量计算 熟悉定额子目，掌握本章说明；掌握本章工程量计算规则及相关案例；列项，算量 11. 装饰装修工程量计算 熟悉定额子目，掌握本章说明；掌握楼地面工程、墙柱面工程、顶棚工程工程量计算规则；了解油漆涂料及裱糊工程、配套装饰项目工程量计算规则；列项，算量		
教学方法建议	1. 讲授法 2. 同步操作法（老师与学生同步操作） 3. 演示法 4. 讨论法 5. 虚拟实体教学法（绘制结构或构件的三维视图）		
考核评价要求	1. 采用自评、互评、教师评价相结合的方式 2. 考核评价组成要素：学生出勤、课堂表现、作业完成情况、期中和期末考试成绩 3. 合理设置考核评价组成要素的权重，体现过程与结果、知识与能力并重的原则		

建筑工程造价费用计算知识单元教学要求　　　　　表 18

单元名称	建筑工程造价费用计算	最低学时	12 学时
教学目标	了解基本建设程序与计价文件之间的关系；建筑工程计价模式；掌握直接费、间接费、利润和税金的费用项目组成及计算方法；掌握计价程序和方法，具有解决实际问题的能力		
教学内容	1. 直接费计算及工料机用量分析 　直接费包含的内容，各项内容的含义，直接费的计算基数，计算方法；工料机分析的方法，填写工料机分析的表格 2. 间接费计算 　间接费包含的内容，各项内容的含义，间接费的计算基数，计算方法 3. 利润与税金计算 　利润与税金包含的内容，各项内容的含义，利润与税金的计算基数，计算方法		
教学方法建议	1. 讲授法 2. 演示法 3. 讨论法		
考核评价要求	1. 采用自评、互评、教师评价相结合的方式 2. 考核评价组成要素：学生出勤、课堂表现、作业完成情况、期中和期末考试成绩 3. 合理设置考核评价组成要素的权重，体现过程与结果、知识与能力并重的原则		

会计原理知识单元教学要求　　　　　表 19

单元名称	会计原理	最低学时	15 学时
教学目标	熟悉会计核算的职能和作用，掌握会计要素、会计等式、科目及账户的基本结构，借贷记账法的特点及会计分录的编制方法		
教学内容	1. 会计基本知识 　会计的含义和特点，会计的职能和作用，会计的对象，会计的任务和方法，会计基本前提，会计核算的基本原则 2. 会计要素和会计等式 　会计要素，会计等式，经济业务对会计等式的影响 3. 会计科目与会计账户 　会计科目设置的意义、原则，会计科目内容和级次，账户的基本结构 4. 复式记账方法 　复式记账，借贷记账法，账户结构，记账规则，试算平衡，会计分录		
教学方法建议	1. 问题法 2. 任务驱动教学法 3. 情境教学法		
考核评价要求	1. 采用自评、互评、教师评价相结合的方式 2. 考核评价组成要素：学生出勤、课堂表现、作业完成情况、期末考试成绩、团队协作 3. 合理设置考核评价组成要素的权重，体现过程与结果、知识与能力并重的原则		

会计核算知识单元教学要求　　　　　　　　　　　　　　　　　　　　表 20

单元名称	会计核算	最低学时	40 学时
教学目标	了解企业主要经济业务的内容，熟悉凭证、账簿的种类及格式，掌握企业主要经济业务的核算，会计凭证的填制要求和审核，会计账簿的登记方法，对账和结账的程序和方法，财产清查的方法与处理程序，会计报表的结构特点和编制方法		
教学内容	1. 企业主要经济业务的核算 　企业主要经济业务的内容；资金筹集业务的核算；生产准备业务的核算；产品生产业务的核算；销售业务核算；财务成果业务的核算 2. 会计凭证 　会计凭证概述，原始凭证，记账凭证，会计凭证的传递与保管 3. 会计账簿 　会计账簿概述，账簿设置的原则和登记方法，账簿的登记规则，错账的更正方法，对账和结账 4. 财产清查 　财产清查的概念、意义、种类，财产清查前的准备工作，财产物资盘存制度；财产物资的清查方法；财产清查结果的处理程序，财务清查结果的账务处理方法 5. 财务会计报告 　财务会计报告的意义、内容及编制要求；资产负债表、利润表 6. 会计账务处理程序 　会计核算形式的意义和种类；记账凭证核算形式；记账凭证汇总表核算形式；汇总记账凭证核算形式；多栏式日记账核算形式，各种会计核算形式的异同		
教学方法建议	1. 问题法 2. 任务驱动教学法 3. 情境教学法		
考核评价要求	1. 采用自评、互评、教师评价相结合的方式 2. 考核评价组成要素：学生出勤、课堂表现、作业完成情况、期末考试成绩、团队协作 3. 合理设置考核评价组成要素的权重，体现过程与结果、知识与能力并重的原则		

施工企业成本核算知识单元教学要求　　　　　　　　　　　　　　　　表 21

单元名称	施工企业成本核算	最低学时	50 学时
教学目标	熟悉施工企业成本核算的内容、特点与要求，掌握工程成本核算的程序与方法，掌握企业主要成本报表的编制原理及方法		
教学内容	1. 工程成本核算基本理论 　工程成本核算的意义和任务，施工费用和工程成本的分类，成本核算的基本要求，工程成本核算的对象、组织和程序 2. 工程成本与期间费用 　工程成本与期间费用，工程成本的种类，工程成本核算的意义及要求，工程成本核算的程序，辅助生产的核算，机械作业的核算，人工费、材料费、机械使用费、其他直接费、间接费用的归集与分配，竣工工程成本的结转，期间费用的核算 3. 施工企业收入和利润的核算 　收入的内容，建造合同收入的内容，建造合同收入的确认与核算，工程价款的结算与相关税费的核算，其他业务收入的内容，其他业务收入的核算 4. 施工企业成本报表的编制 　施工企业成本报表的内容和编制要求，工程成本表的编制，竣工工程成本表的编制，间接费用明细表的编制，财务费用、管理费用表的编制		
教学方法建议	1. 问题法 2. 任务驱动教学法 3. 情境教学法		
考核评价要求	1. 采用自评、互评、教师评价相结合的方式 2. 考核评价组成要素：学生出勤、课堂表现、作业完成情况、期末考试成绩、团队协作 3. 合理设置考核评价组成要素的权重，体现过程与结果、知识与能力并重的原则		

会计职业道德知识单元教学要求　　　　　　　　　　　　表 22

单元名称	会计职业道德	最低学时	40 学时
教学目标	从理论上对财经法律法规和会计职业道德进行阐述和解释，培养和提高学生正确分析和解决会计工作中法律制度和道德规范方面的各种问题的能力，掌握会计从业人员应有的基础知识和技能。通过本单元学习，使学生具备会计从业资格必需的财经法规和会计职业道德的基本知识和基本技能		
教学内容	1. 会计法律制度 会计法律体系的构成；法律、法规、规定之间的关系；会计档案管理；违反会计法的行为与责任后果；会计从业资格管理规定 2. 支付结算法律制度 支付结算方式的特征和原则；票据结算方式和规定；现金管理；银行结算管理；企业账户管理相关规定；结算纪律与责任 3. 税收征收管理法律制度 发票管理；税务管理；税收管理；税务申报；违反税法的行为与责任 4. 会计职业道德 道德与法律的关系；会计职业道德的内涵；识别违背会计职业道德的行为；会计职业道德特征和性质；会计职业道德内容与基本要求；会计职业道德教育途径与管理；会计职业道德检查与奖惩；会计职业道德素养；会计职业道德建设		
教学方法建议	1. 案例演示法 2. 理论与实践一体化教学法 3. 启发式教学法		
考核评价要求	1. 采用教师评价与学生分组互评相结合的方式 2. 考核评价组成要素：作业完成质量、案例分析成果的完整性、平时测验成绩、期末考试成绩、学生出勤、课堂表现 3. 考核时体现过程与结果、知识与素质并重的原则，充分体现课程特点		

财务会计核算知识单元教学要求　　　　　　　　　　　　表 23

单元名称	财务会计核算	最低学时	130 学时
教学目标	熟悉财务会计核算的内容、特点与要求，掌握企业日常经济业务的核算方法以及工程成本的核算方法，掌握企业主要财务报表编制原理及方法		
教学内容	1. 货币资金和应收款项 现金管理及核算，银行支付结算方式，银行存款的管理及核算，银行存款的清查，其他货币资金的核算，应收账款的核算，应收票据的核算，预付账款核算，其他应收款核算，坏账损失的核算 2. 存货 存货及其分类，材料采购与发出的手续与凭证，材料收入、领用的核算，周转材料领用、摊销、报废的核算，存货清查和期末计价的核算		

续表

单元名称	财务会计核算	最低学时	130 学时
教学内容	3. 固定资产 固定资产的概念、特征与分类，固定资产初始计量的核算，固定资产折旧的核算，固定后续支出的核算，固定资产处置的核算、固定资产减值的核算 4. 投资性房地产 投资性房地产的概念，投资性房地产的初始计量，投资性房地产采用成本模式进行后续计量的核算，投资性房地产采用公允价值模式进行后续计量的核算，投资性房地产转换和处置的核算 5. 无形资产及其他资产 无形资产的概念及特征，无形资产取得、摊销、报废和处置的核算；商誉核算，长期待摊费用的核算 6. 金融资产 金融资产的含义和分类，以公允价值计量且变动计入当期损益的金融资产核算，持有至到期投资的核算，可供出售金融资产核算，长期股权投资的概念及核算范围，长期股权投资的初始计量，长期股权投资核算的成本法，长期股权投资核算的权益法。金融资产减值的核算 7. 非货币性资产交换 非货币性资产交换的认定，换入资产成本的计量基础，非货币性资产交换按公允价值计量的核算，非货币性资产交换按账面价值计量的核算 8. 负债 负债的概念、特征、分类，短期借款、应付票据、应付账款、预收账款、应付职工薪酬、应交税费等流动负债的核算，长期借款、应付债券、长期应付款等非流动负债的核算，借款费用及其确认原则，借款费用资本化期间的确定，借款费用资本化金额的确认，债务重组的核算，或有负债的核算 9. 所有者权益 所有者权益的特征、来源及内容，投入资本的核算、资本公积的核算、留存收益的核算 10. 收入 收入的内容和特征，收入的分类，销售商品收入的确认和计量，提供劳务收入的确认和计量，让渡资产使用权收入的确认和计量，建造合同收入的确认与计量 11. 费用 费用的概念及特征，费用的分类，费用的确认和计量，管理费用、财务费用、销售费用的核算，所得税费用的内容，所得税费用的核算方法，所得税核算的一般程序，计税基础和暂时性差异，递延所得税资产和递延所得税负债的确认，所得税费用的确认与计量 12. 利润 利润的构成，营业外收支的核算，利润形成的核算，利润分配的核算 13. 财务报告 财务报告的内容，财务报告的基本列报要求，资产负债表的结构及编制方法，利润表的结构及编制方法，现金流量表的结构及编制方法，所有者权益变动表的结构及编制方法 14. 会计调整 会计政策变更，会计估计变更，前期差错更正，资产负债表日后事项的含义及内容，资产负债表日后调整事项的会计处理，资产负债表日后非调整事项的会计处理
教学方法建议	1. 案例教学法 2. 演示教学法 3. 理实一体化教学法
考核评价要求	1. 采用平时考核和期末考试相结合的方式评定学生的学习成绩 2. 考核评价组成要素：学生出勤、课堂表现、作业完成情况、期末考试成绩 3. 合理设置考核评价组成要素的权重，体现过程与结果、知识与能力并重的原则

会计电算化软件应用知识单元教学要求 表 24

单元名称	会计电算化软件应用	最低学时	40 学时
教学目标	了解会计电算化系统的构成及基本原理，掌握实际会计工作岗位中需要的会计核算和管理技能，能熟练应用财务软件进行会计业务处理，能够查询、理解与分析会计信息		
教学内容	1. 会计电算化的基本理论 会计电算化的意义、基本内容，会计电算化信息系统的特点，会计电算化对会计信息的影响，会计电算化的发展 2. 会计电算化的管理与工作的开展 会计电算化宏观管理的必要性，宏观管理的内容，微观管理的内容及方法，通用财务软件的特点 3. 会计信息系统管理 会计电算化运行的要求，财务软件的安装方法，会计电算化管理的方法，建立修改账套的步骤和方法，账套基础设置的方法，操作员管理的操作方法和要求 4. 总账系统 总账系统的初始设置方法和步骤，期初余额的录入，操作员明细权限的设置，账簿设定，凭证的填制、修改、作废、整理，出纳签字，审核，查询，打印，汇总凭证，记账，现金和银行账的处理，期末转账和结账处理的步骤，账簿的查询，往来账和项目管理的查询 5. 工资管理 工资系统的设置，银行代发和工资分摊的方法，工资分钱单的生成，月末处理的方法和工资的汇总，不同单位工资核算方法的应用差异 6. 报表管理 UFO 报表的格式设计、公式定义、数据处理、图表处理和打印、报表的功能及特点		
教学方法建议	1. 演示法 2. 多媒体教学 3. 实验教学		
考核评价要求	1. 采用自评、互评、教师评价相结合的方式 2. 考核评价组成要素：学生出勤、课堂表现、作业完成情况、期中期末考试成绩 3. 合理设置考核评价组成要素的权重，体现过程与结果、知识与能力并重的原则		

建筑企业财务分析知识单元教学要求 表 25

单元名称	建筑企业财务分析	最低学时	10 学时
教学目标	了解财务分析的意义和目的，熟悉财务分析的基本知识和基本内容，掌握财务分析的基本方法，通过本单元学习，学生具备进行财务指标分析和财务综合分析的能力		
教学内容	1. 建筑企业财务分析方法 趋势分析法：重要财务指标比较、会计报表的比较、报表构成比较 比率分析法：构成比率、效率比率、相关比率 因素分析法：连环替代法、差额分析法 2. 建筑企业财务分析的内容及指标 偿债能力分析：流动比率、速动比率、资产负债率、产权比率、已获利息倍数、长期资产适应率 营运能力分析：人力资源营运能力、资产营运能力 盈利能力分析：销售利润率、成本费用利润率、总资产报酬率、净资产收益率、资本保值增值率、每股收益、每股股利、市盈率 发展能力分析：销售增长率、资本积累率、总资产增长率 3. 建筑企业财务综合分析 杜邦财务分析；沃尔比重评分法		

续表

单元名称	建筑企业财务分析	最低学时	10学时
教学方法建议	1. 设定主题教学法 2. 导入案例分析教学法 3. 理论与操作一体化教学法		
考核评价要求	1. 采用学生分组自评和互评，与教师评价相结合的方式 2. 考核评价组成要素：作业完成质量，案例分析成果完整性和系统性，期末考试成绩，还应结合学生出勤、课堂表现、团队协作精神等 3. 合理设置考核评价组成要素的权重，体现过程与结果、理论知识与操作能力并重的原则		

建筑企业财务管理基本内容知识单元教学要求 表26

单元名称	建筑企业财务管理基本内容	最低学时	30学时
教学目标	了解财务管理的基本内容是融资、投资、营运资金和收益分配，认识其特点和种类，熟悉企业融资的渠道和方式以及项目投资决策的评价指标，掌握项目投资决策基本方法和收益分配政策，通过本单元学习，能正确开展融资、投资、营运、收益分配的决策工作		
教学内容	1. 建筑企业融资管理 建筑企业融资目的、渠道和方式；建筑企业资金需要量预测；权益性融资；负债资金融资；资金成本的概念和计算方法；杠杆原理在财务管理中的应用；各种资本结构理论的内容和比较 2. 建筑企业投资决策管理 建筑企业项目投资的分类和特点；投资项目的现金流量；项目投资决策的评价指标及其应用；证券投资的种类与目的；证券投资的风险与收益率；证券投资决策；证券投资组合 3. 建筑企业营运资金管理 建筑企业营运资金的含义与特点；现金的管理；应收账款管理；存货管理 4. 建筑企业收益分配决策管理 建筑企业收益分配的概念、原则和规定；收益分配政策；收益分配顺序		
教学方法建议	1. 设定主题教学法 2. 导入案例分析教学法 3. 理论与操作一体化教学法		
考核评价要求	1. 采用学生分组自评和互评，与教师评价相结合的方式 2. 考核评价组成要素：作业完成质量，案例分析成果完整性和系统性，期末考试成绩，还应结合学生出勤、课堂表现、团队协作精神等 3. 合理设置考核评价组成要素的权重，体现过程与结果、理论知识与操作能力并重的原则		

建筑企业财务计划与控制知识单元教学要求　　　表 27

单元名称	建筑企业财务计划与控制	最低学时	20 学时
教学目标	了解建筑企业财务计划的意义与体系、财务控制意义与种类，熟悉财务计划编制方法和财务控制内容，掌握现金计划与预计财务报表的编制，财务控制的基本方法，通过本单元学习，学生能独立编制企业财务计划并动态地进行财务控制			
教学内容	1. 建筑企业财务预算的编制方法 固定预算和弹性预算；增量预算和零基预算；定期预算和滚动预算 2. 现金预算的编制方法 销售预算、生产预算、直接材料预算、直接人工预算、制造费用预算、生产成本预算、管理费用预算、特种预算、现金预算的编制方法 3. 预计财务报表的编制 预计利润表、预计资产负债表的编制 4. 责任中心 成本责任中心；利润责任中心；投资责任中心 5. 责任预算 责任预算编制；责任报告；业绩考评 6. 内部转移价格和内部结算方式 市场价格；协议价格；双重价格；成本转移价格			
教学方法建议	1. 设定主题教学法 2. 导入案例分析教学法 3. 理论与操作一体化教学法			
考核评价要求	1. 采用学生分组自评和互评，与教师评价相结合的方式 2. 考核评价组成要素：作业完成质量，案例分析成果完整性和系统性，期末考试成绩，还应结合学生出勤、课堂表现、团队协作精神等 3. 合理设置考核评价组成要素的权重，体现过程与结果、理论知识与操作能力并重的原则			

经济法律知识单元教学要求　　　表 28

单元名称	经济法律	最低学时	60 学时
教学目标	掌握经济法的基本理论及各项经济法律制度，能够正确运用经济法的基本概念和基本方法分析解决实际问题			
教学内容	1. 经济法基本理论 经济法渊源，经济法律关系，法律行为，代理 2. 仲裁与诉讼 仲裁，诉讼 3. 内资企业法律制度 企业的分类，个人独资企业法，合伙企业法			

续表

单元名称	经济法律	最低学时	60学时
教学内容	4. 公司法律制度 公司的登记管理，有限责任公司，股份有限公司，公司的董事、监事、高级管理人员，公司债券，公司财务会计，公司的合并、分立、增资、减资，公司解散和清算 5. 外商投资企业法律制度 中外合资经营企业法，中外合作企业法，外资企业法 6. 企业破产法律制度 破产申请，管理人，债务人财产，债权申报，债权人会议，重整与和解程序，破产费用与共益债务，破产清算程序 7. 合同法律制度 合同的订立，合同的效力，合同的履行，合同的担保，合同的变更、转让和终止，违约责任 8. 证券法律制度 证券发行，证券交易，上市公司收购，相关证券机构 9. 票据法律制度 汇票，本票，支票 10. 知识产权法律制度 著作权法，专利法，商标法		
教学方法建议	1. 案例教学法 2. 讨论法 3. 讲授法		
考核评价要求	1. 坚持理论知识掌握与实践能力考核相结合的原则 2. 坚持全程化考核原则：考勤、课堂提问、平时作业、期中考试、期末考试等教学环节都列入考核范围		

工程量清单编制知识单元教学要求　　　　　　表29

单元名称	工程量清单编制	最低学时	10学时
教学目标	掌握建设工程工程量清单的编制方法，正确填写建设工程工程量清单的相关表格，了解建设工程工程量清单编制的基本概念及相关知识，熟悉《建设工程工程量清单计价规范》的基本内容。通过学习，使学生具备建设工程工程量清单的编制能力，能够独立完成建设工程工程量清单的编制		
教学内容	1. 《建设工程工程量清单计价规范》基础知识 《建设工程工程量清单计价规范》组成、基本知识 2. 工程量清单计价表格使用 分部分项工程量清单编制、措施项目清单编制、其他项目清单编制、规费项目清单编制、税金项目清单编制 3. 建筑工程量清单编制 清单编码确定、清单名称确定、清单项目特征确定、清单项目工程量确定		

续表

单元名称	工程量清单编制	最低学时	10 学时
教学方法建议	1. 讲授法 2. 案例分析法 3. 实训法 4. 讨论法		
考核评价要求	1. 采用过程性考核与终结性考试相结合的考核方式，即平时成绩与终结性考试成绩相结合方式评定成绩 2. 考核评价组成要素：学生出勤、课堂提问、讨论发言、作业完成情况、期末考试成绩 3. 合理设置考核评价组成要素的权重，注重考查学生综合分析、处理、评价审计业务的能力		

工程量清单计价编制知识单元教学要求　　　　　　　　表 30

单元名称	工程量清单计价编制	最低学时	20 学时
教学目标	掌握建设工程工程量清单计价编制方法，正确填写建设工程工程量清单计价的相关表格，掌握综合单价的计算和取费。了解建设工程工程量清单计价编制的基本概念及相关知识，了解清单计价与定额计价的区别，熟悉《建设工程工程量清单计价规范》的基本内容。通过学习，使学生具备建设工程工程量清单计价的编制能力，能够独立完成建设工程工程量清单计价的编制		
教学内容	1. 分部分项工程量清单项目综合单价编制 清单项目综合单价对应定额项目确定，对应定额项目工程量确定，清单项目综合单价组价 2. 措施项目清单项目综合单价编制 技术措施项目综合单价确定、组织措施项目综合单价确定 3. 分部分项工程量清单项目费计算 分部分项工程量清单项目综合单价乘以相应项目清单工程量 4. 措施项目清单费计算 技术措施项目综合单价乘以相应项目清单工程量、组织措施项目综合单价乘以相应项目清单数量 5. 其他项目清单费计算 其他项目清单费计算计取基数汇总，其他项目清单费计算费率确定 6. 规费项目清单费计算 规费项目清单费计算计取基数汇总，规费项目清单费计算费率确定 7. 税金项目清单费计算 税金项目清单费计算计取基数汇总，税金项目清单费计算费率确定		
教学方法建议	1. 讲授法 2. 案例分析法 3. 实训法 4. 讨论法		

续表

单元名称	工程量清单计价编制	最低学时	20学时
考核评价要求	1. 采用过程性考核与终结性考试相结合的考核方式，即平时成绩与终结性考试成绩相结合方式评定成绩 2. 考核评价组成要素：学生出勤、课堂提问、讨论发言、作业完成情况、期末考试成绩 3. 合理设置考核评价组成要素的权重，注重考查学生综合分析、处理、评价审计业务的能力		

审计基本知识单元教学要求　　　　　　　　　　　　　　　　　表31

单元名称	审计基本知识	最低学时	60学时
教学目标	掌握审计的基本原理、基本内容、基本程序和方法；能够收集、鉴定审计证据。掌握企业财务审计，能够对一些基本的简单的审计具体个案进行分析和处理，能够运用一些基本的审计技术和方法了解、评价经济组织的内部控制制度，进行实质性测试。通过本单元学习，能够编写审计工作底稿，并根据不同的业务情况，正确出具审计报告		
教学内容	1. 财务报表审计的目标和一般原则 　财务报表审计的总目标和具体目标；管理层的认定；财务报表审计的一般原则；财务报表的审计范围、组织方式；业务循环及划分 2. 审计方法和审计过程 　审计的一般方法和取证方法；选取测试项目的方法；样本的设计；选取样本的基本方法；审计过程的主要工作 3. 审计业务约定书和计划审计工作 　签订审计业务约定书的总体要求；审计业务约定书的内容；计划审计工作的作用；初步业务活动的目的；总体审计策略和具体审计计划的基本内容 4. 审计证据和审计工作底稿 　审计证据的内涵、种类及作用；审计证据的充分性和适当性；获取审计证据的审计程序；审计工作底稿的内涵、作用、基本要素和编制要求；审计工作底稿的复核和归档 5. 审计重要性与审计风险 　审计重要性的两个层次；重要性与审计风险、审计证据的关系；计划阶段、终结阶段重要性水平的评估；审计风险的构成要素；重大错报风险的两个层次；审计风险模型及其运用；检查风险的确定和审计程序的设计 6. 风险评估与风险应对 　风险评估的总体要求；了解被审计单位及其环境的内容和程序；内部控制的构成要素及其了解；内部控制的评价；风险应对的总体要求；财务报表层次重大错报风险的总体应对措施；进一步审计程序的总体方案；进一步审计程序的时间、性质和范围；控制测试的时间、性质和范围；实质性程序的时间、性质和范围 7. 业务循环审计 　销售与收款循环审计；采购与付款循环审计；存货与仓储循环审计；筹资与投资循环审计 8. 货币资金审计 　货币资金的内部控制及测试；货币资金的审计目标；库存现金的实质性程序；银行存款的实质性程序；其他货币资金的实质性程序 9. 审计终结和审计报告 　审计差异的种类；审计差异调整表和试算平衡表；复核财务报表总体合理性；评价审计结果；完成审计工作底稿的质量控制复核；审计报告的作用和基本内容；各类审计报告的出具条件、术语和格式		

续表

单元名称	审计基本知识	最低学时	60学时
教学方法建议	1. 案例教学法 2. 启发式教学法、讨论式教学法 3. 实践教学法 建议：教学中尽量以审计案例为载体，引导学生运用审计方法分析问题和解决问题。教师在组织教学时，要注意适时吸收有关新的政策和方法，以丰富教学内容，补充必要的新知识		
考核评价要求	1. 采用过程性考核与终结性考试相结合的考核方式，即平时成绩与终结性考试成绩相结合方式评定成绩 2. 考核评价组成要素：学生出勤、课堂提问、讨论发言、作业完成情况、期末考试成绩 3. 合理设置考核评价组成要素的权重，注重考查学生综合分析、处理、评价审计业务的能力		

民用建筑设备系统知识单元教学要求　　　　表32

单元名称	民用建筑设备系统	最低学时	60学时
教学目标	掌握设备安装工程中水、电、暖、通风与空调及消防工程的系统分类与组成。通过本单元学习，具备正确选用水、电、暖、通风与空调、消防工程的材料和设备的能力，以及相关的识图能力		
教学内容	1. 建筑给水排水系统 给排水理论基础，高层建筑给排水，消防给水系统的分类与组成，给排水图纸识读及给排水系统安装 2. 建筑采暖系统 采暖工程系统的分类与组成，采暖工程图纸识读及采暖系统的安装 3. 建筑通风与空气调节系统 通风与空调工程系统的分类与组成，通风与空调工程图纸识读及通风空调系统的安装 4. 建筑电气系统 建筑供配电系统，电气照明系统，防雷系统及电气照明施工图纸识读 5. 建筑设备监控与火灾自动报警系统 建筑设备监控，火灾自动报警系统		
教学方法建议	1. 课堂授课与多媒体教学结合 2. 组织施工现场认识实习		
考核评价要求	1. 理论学习过程中主要考核：出勤情况，平时成绩，期中考试成绩，期末考试成绩 2. 参观实习过程中主要考核：出勤情况，参观笔记，认识实习内容的答辩情况 3. 合理设置考核评价组成要素的权重，体现过程与结果、知识与能力并重的原则		

建筑企业物资管理的内容与方法知识单元教学要求　　　　　　　　　　　　　表 33

单元名称	建筑企业物资管理的内容与方法	最低学时	70 学时
教学目标	掌握物资的计划、收入、储备、支出等工作的相关要求，熟悉施工现场的物资管理要点。通过本单元学习，能够运用物资管理的基本方法进行工程项目物资全过程管理		
教学内容	1. 物资管理基础知识 建筑物资管理的概念，工作程序，建筑物资管理的分类 2. 物资消耗定额管理 建筑物资消耗定额的制定方法，单位工程量物资消耗量的计算方法，降低建筑物资消耗的途径，建筑物资消耗定额的概念 3. 建筑物资储备定额管理 建筑物资经常储备定额，建筑物资保险储备定额，建筑物资季节储备定额，建筑物资储备资金的制定方法，建筑物资储备的概念，进行物资储备考核常用的指标 4. 建筑物资计划管理 建筑物资计划供需计算与平衡，建筑物资计划与检查，建筑物资计划管理基础工作 5. 建筑物资供应管理 物资供应计划的编制，建筑物资供应计划的管理 6. 建筑物资采购管理 物资采购的方法，物资采购的程序，建筑物资采购合同的管理 7. 建筑物资运输管理 合理规划物资运输方案的方法，组织物资合理运输 8. 建筑物资库存管理 降低库存的基本策略，库存控制的基本方法 9. 建筑施工现场物资管理 现场管理的主要内容和方法 10. 物资材料核算管理 物资材料的收、发、存核算		
教学方法建议	1. 案例教学法 2. 现场教学法		
考核评价要求	1. 采用教师评价为主的评价方式 2. 考核评价组成要素：学生出勤、课堂表现、作业完成情况、期末考试成绩、团队协作 3. 合理设置考核评价组成要素的权重，体现过程与结果、知识与能力并重的原则		

招标采购相关法律法规知识单元教学要求　　　　　　　　　　　　　　　　　表 34

单元名称	招标采购法律法规	最低学时	60 学时
教学目标	掌握招标投标活动全过程各环节的法律规定，通过本单元学习，能够正确运用招标投标法律法规，分析判断和处理物资采购招标投标过程中的实际法律问题		

续表

单元名称	招标采购法律法规	最低学时	60 学时
教学内容	1. 招标投标的法律法规体系 招标投标法律法规体系的构成，工程、货物、服务三大类招标投标的主要规定，《招标投标法》的立法宗旨、基本原则，招标投标基本程序 2. 招标投标的当事人 招标人的分类及资格条件，投标人的分类及资格条件，招标代理机构的资格条件和业务范围 3. 招标相关法律制度 必须招标项目的范围和规模标准，招标的条件、招标方式和组织形式，招标公告的发布，资格审查，招标文件的构成和编制 4. 投标相关法律制度 投标文件的编制、提交、修改、撤回，投标有效期，投标保证金，联合体投标，投标的限制性规定 5. 开标、评标和中标的相关法律制度 开标的时间、地点、参与人和程序；评标专家的条件和选择，评标委员会的组建，工程建设项目评标方法，评标原则和程序，废标及重新招标；中标条件，中标通知书，签订合同的要求，履约保证金 6. 招标投标争议的解决 招标投标争议中的行政处罚，招标投标争议的行政复议，招标投标争议的行政诉讼，招标投标争议的仲裁，招标投标争议的民事诉讼 7. 法律责任 法律责任的种类，招标人的法律责任，投标人的法律责任，招标代理机构的法律责任，评标委员会成员的法律责任，行政监督部门的法律责任		
教学方法建议	1. 问题法 2. 讨论法 3. 案例教学法		
考核评价要求	1. 采用自评与教师评价相结合 2. 考核评价组成要素：平时成绩、期中测验、期末考试成绩相结合；并且对实训成果、团队协作情况进行考评 3. 合理设置考核评价组成要素的权重，体现过程与结果、知识与能力并重的原则		

建筑工程项目管理规划知识单元教学要求　　　　　　　　　　　　　　　　表35

单元名称	建筑工程项目管理规划	最低学时	6 学时
教学目标	熟悉项目管理规划大纲和实施规划的编制内容和编制方法。通过学习，使学生能够熟练阅读建筑工程项目管理规划大纲、实施规划或施工组织设计		
教学内容	1. 建筑工程项目管理规划大纲 建筑工程项目管理规划大纲的概念、编制依据、编制内容 2. 建筑工程项目管理实施规划 建筑工程项目管理实施规划的概念、编制依据、编制程序、编制内容和方法 3. 施工组织设计 施工组织设计的分类、单位工程施工组织设计的编制依据、编制程序、编制内容		

续表

单元名称	建筑工程项目管理规划	最低学时	6 学时
教学方法建议	1. 案例教学法 2. 比较教学法 3. 任务驱动教学法		
考核评价要求	1. 采用自评与教师评价相结合 2. 考核评价组成要素：平时成绩、期中测验、阶段性测验成绩、团队协作 3. 合理设置考核评价组成要素的权重，体现过程与结果、知识与能力并重的原则		

建筑工程项目施工现场管理知识单元教学要求　　　　　　　　　　表36

单元名称	建筑工程项目施工现场管理	最低学时	50 学时
教学目标	掌握建筑工程项目进度管理、质量管理、成本管理、安全管理的内容、程序、方法。通过本单元学习，使学生具有建筑工程项目现场全面管理的基本能力		
教学内容	1. 建筑工程项目进度管理 流水施工原理；横道计划；网络计划；进度计划的编制与实施；进度控制的方法 2. 建筑工程项目质量管理 建筑工程项目质量管理程序；质量控制数理统计方法 3. 建筑工程项目成本管理 建筑工程项目成本预测、计划、控制、核算、分析与考核 4. 建筑工程项目职业健康安全管理 职业健康安全技术措施计划、实施；职业健康安全隐患的控制、职业健康安全事故的处理 5. 建筑工程项目环境管理 环境管理体系；环境管理的内容和程序；文明施工的内容和要求；施工现场环境保护措施 6. 建筑工程项目收尾管理 建筑工程项目的竣工收尾；竣工验收；竣工结算；竣工决算；回访保修及考核评价		
教学方法建议	1. 任务驱动教学法 2. 项目教学法 3. 案例教学法		
考核评价要求	1. 采用自评与教师评价相结合 2. 考核评价组成要素：平时成绩、期中测验、阶段性测验成绩、团队协作 3. 合理设置考核评价组成要素的权重，体现过程与结果、知识与能力并重的原则		

建筑工程资料管理知识单元教学要求　　　　　　　　　　　　　表37

单元名称	建筑工程资料管理	最低学时	30 学时
教学目标	通过本单元学习，学生具有从事资料员岗位所必需的业务知识和工作能力；能够运用所学知识，对具体工程项目资料，与工程同步进行填写、报验、收集、整理，能够对整个工程项目的施工资料进行正确的分类、归档，并按要求进行组卷、移交		

续表

单元名称	建筑工程资料管理	最低学时	30学时
教学内容	1. 建筑工程资料的归档管理 　归档管理的范围、保存单位、保存期限、质量要求及移交 2. 建筑工程质量验收资料 　基本规定，检验批、分项、（子）分部、（子）单位的验收划分，资料的阶段性检查和验收 3. 原材料、工程实体检测的见证取样及试验资料的收集整理 4. 建筑工程资料的分类归档		
教学方法建议	1. 理实一体化教学法 2. 问题法		
考核评价要求	1. 采用自评、互评、教师评价相结合的方式 2. 考核评价组成要素：学生出勤、课堂表现、即兴测试成绩、团队协作 3. 合理设置考核评价组成要素的权重，体现过程与结果、知识与能力并重的原则		

建筑材料检测技能单元教学要求　　　　　　　　　　　　　　表38

单元名称	建筑材料检测	最低学时	10学时
教学目标	专业能力： 1. 具备常用建筑与装饰材料的取样能力 2. 具备常用建筑与装饰材料的检测能力 3. 具备出具建筑与装饰材料检测报告的能力 方法能力： 1. 培养学生自我学习能力 2. 培养学生数据处理能力 3. 培养学生现代化办公能力 社会能力： 1. 培养学生科学、缜密、严谨的思想作风 2. 培养学生组织协调、合作交流、解决问题的能力 3. 培养学生组织和执行任务的能力		
教学内容	1. 水泥检测 细度、凝结时间、体积安定性、水泥胶砂强度 2. 混凝土用集料检测 筛分析、表观密度、堆积密度 3. 混凝土检测 和易性、表观密度、强度 4. 钢筋检测 拉伸、冷弯 5. 墙体材料检测 强度		

续表

单元名称	建筑材料检测	最低学时	10 学时
教学方法建议	1. 演示教学法 2. 理实一体化教学法 3. 做中学教学法		
教学场所要求	校内完成		
考核评价要求	1. 采用自评、互评、教师评价相结合的方式 2. 考核评价组成要素：学生出勤、操作规范、检测报告、爱护仪器、现场整洁、团队协作 3. 合理设置考核评价组成要素的权重，体现过程与结果、知识与能力并重的原则		

民用建筑施工图识读技能单元教学要求　　　　　　　　　　表 39

单元名称	民用建筑施工图识读	最低学时	30 学时
教学目标	专业能力： 1. 具备识读建筑施工图的能力 2. 具备绘制一般常见建筑施工图能力 3. 具备建筑施工图与建筑实物结合的能力 方法能力： 1. 培养学生自我学习能力 2. 培养学生查阅相关规范和图集的能力 3. 培养学生利用绘图软件绘制施工图的能力 社会能力： 1. 培养学生科学、缜密、严谨的思想作风 2. 培养学生组织协调、合作交流、解决问题的能力 3. 培养学生组织和执行任务的能力		
教学内容	1. 识读一般民用建筑施工图 对给定的建筑施工图进行识读和抄绘 2. 绘制一般民用建筑施工图 对已有建筑物测量分析，并绘出其主要的平、立、剖面图和建筑详图		
教学方法建议	1. 实际测绘教学法 2. 理论结合实际教学法		
教学场所要求	校内完成		
考核评价要求	1. 采用自评、互评、教师评价相结合的方式 2. 考核评价组成要素：学生出勤、绘制成果、答辩 3. 合理设置考核评价组成要素的权重，体现过程与结果、知识与能力并重的原则		

钢筋翻样与算量技能单元教学要求　　　　　　　　　　　　　　表 40

单元名称	钢筋翻样与算量	最低学时	30 学时
教学目标	专业能力： 1. 具有混凝土结构施工图识图能力 2. 具有钢筋排列与布置，钢筋下料长度计算能力 3. 能够独立完成整套典型混凝土结构施工图钢筋量的计算，具有列出钢筋列表和钢筋材料汇总表的能力 方法能力： 1. 培养学生提出问题、分析问题、解决问题的能力 2. 培养学生综合应用专业知识和理论知识的能力 3. 培养学生查阅建筑结构相关规范、规程、混凝土结构施工图国家标准图集的能力 社会能力： 1. 培养学生科学、缜密、严谨的思想作风 2. 培养学生组织协调、合作交流、解决问题的能力 3. 培养学生组织和执行任务的能力			
教学内容	1. 识读混凝土结构施工图 识读一套完整的建筑结构工程图 2. 钢筋排列与布置，钢筋长度计算 3. 钢筋列表和钢筋材料汇总			
教学方法建议	在理实一体化教室，运用虚拟情境教学法（软件教学）、多媒体课件教学、任务驱动法、案例分析法等教学方法，并借助校外实训基地进行施工现场教学			
教学场所要求	校内完成			
考核评价要求	1. 采用自评、互评、教师评价相结合的方式 2. 考核评价组成要素：学生出勤、阶段性进度检查、实训成果的完成性与正确性、答辩 3. 合理设置考核评价组成要素的权重，体现过程与结果、知识与能力并重的原则			

建筑工程预算技能单元教学要求　　　　　　　　　　　　　　表 41

单元名称	建筑工程预算	最低学时	60 学时
教学目标	专业能力： 1. 培养学生列项、套用定额、工程量计算的能力 2. 培养学生取费和计价的能力 方法能力： 1. 培养学生收集和处理实际工程图纸和施工组织信息的能力 2. 培养学生运用专业知识和理论解决实际工程问题的能力 社会能力： 1. 培养学生良好的沟通与协调能力 2. 培养学生整体思考，根据实际施工图纸解决实际问题的能力 3. 培养学生做计划、作决策、独立思考的能力 4. 培养学生自我评价、自我展示的能力			

续表

单元名称	建筑工程预算	最低学时	60 学时
教学内容	1. 列项、工程量计算 根据工程实际图纸列项并计算工程量 2. 预算定额的套用与换算 根据图纸及说明进行预算定额的套用与换算 3. 直接费计算、工料分析及汇总 4. 间接费、利润、税金计算 根据工程实际图纸和施工组织确定间接费、利润、税金等的计算 5. 预算书装订		
教学方法建议	理论-虚拟实体教学法，绘制三维视图 案例教学法 任务驱动法		
教学场所要求	校内完成		
考核评价要求	1. 采用自评、互评、教师评价相结合的方式 2. 考核评价组成要素：学生出勤、阶段性检查、预算成果、答辩、团队协作 3. 合理设置考核评价组成要素的权重，体现过程与结果、知识与能力并重的原则		

会计基础业务处理技能单元教学要求　　　　　　　　　　　　　　　　　　　　表 42

单元名称	会计基础业务处理	最低学时	30 学时
教学目标	专业能力： 1. 具备采用正确会计核算方法处理会计业务的能力 2. 具备熟练填制和审核会计凭证、登记账簿、编制会计报表的能力 方法能力： 1. 培养学生自我学习能力 2. 培养学生理论与实践结合的能力 3. 培养学生现代化办公能力 社会能力： 1. 培养学生科学、缜密、严谨的思想作风 2. 培养学生组织协调、合作交流、解决问题的能力 3. 培养学生组织和执行任务的能力		
教学内容	1. 建账 启用总账和各种明细账 2. 填制和审核会计凭证 填制和审核原始凭证、记账凭证、编制记账凭证汇总表 3. 登记会计账簿 登记各种会计账簿、更正错账、对账、结账 4. 进行成本计算和损益核算 间接费的分配计算和账面结转，期间费用、利润的计算和结转 5. 编制财务报告 编制"资产负债表"和"利润表"		
教学方法建议	1. 理实一体化教学法 2. 做中学教学法 3. 启发、引导教学法		

续表

单元名称	会计基础业务处理	最低学时	30 学时
教学场所要求	校内完成		
考核评价要求	1. 采用自评、互评、教师评价相结合的方式 2. 考核评价组成要素：学生出勤、阶段性进度检查、实训成果（凭证、账簿和报表）的规范性及完整性、团队协作等 3. 合理设置考核评价组成要素的权重，体现过程与结果、知识与能力并重的原则		

施工企业成本核算技能单元教学要求　　　　　　　　　　　　　　表 43

单元名称	施工企业成本核算	最低学时	60 学时
教学目标	专业能力： 1. 具备采用正确的会计核算方法处理会计业务的能力 2. 具备熟练填制和审核会计凭证、登记账簿、编制成本报表的能力 3. 具备熟练计算工程成本的能力 方法能力： 1. 培养学生自我学习能力 2. 培养学生理论与实践结合的能力 3. 培养学生现代化办公能力 社会能力： 1. 培养学生科学、缜密、严谨的思想作风 2. 培养学生组织协调、合作交流、解决问题的能力 3. 培养学生组织和执行任务的能力		
教学内容	1. 建账 启用总账和各种明细账 2. 填制和审核凭证 填制和审核原始凭证、记账凭证 3. 登记日记账及明细账 根据记账凭证登日记账及明细账 4. 编制记账凭证汇总表 根据记账凭证汇总各科目发生额 5. 登记总账 根据记账凭证汇总表登总账 6. 对账、结账 账证、账账、账实核对，结账 7. 编制试算平衡表 余额试算平衡 8. 编制成本报表 工程成本表、已完工程成本表、竣工工程成本表、间接费用明细表、财务费用明细表、管理费用明细表的编制 9. 整理装订 凭证、账簿、报表装订		
教学方法建议	1. 理实一体化教学法 2. 做中学教学法 3. 启发、引导教学法		
教学场所要求	校内完成		

续表

单元名称	施工企业成本核算	最低学时	60 学时
考核评价要求	1. 采用自评、互评、教师评价相结合的方式 2. 考核评价组成要素：实训成果（凭证、账簿和报表）的规范性及完整性，成本核算的准确性，学生出勤、阶段性进度检查、团队协作等 3. 合理设置考核评价组成要素的权重，体现过程与结果、知识与能力并重的原则		

财务会计业务处理技能单元教学要求　　　　　　　　　　　　　表 44

单元名称	财务会计业务处理	最低学时	60 学时
教学目标	专业能力： 1. 具备正确判断和处理各类经济业务的能力 2. 能进行日常经济业务的会计核算 3. 会编制企业主要财务报表 方法能力： 1. 培养学生的逻辑思维与判断能力 2. 培养学生的数据处理能力 3. 培养学生分析和处理会计事项的能力 社会能力： 1. 培养学生科学、缜密、严谨的思想作风 2. 培养学生较强的应变能力		
教学内容	1. 货币资金与往来款项会计业务 设置现金日记账、银行存款日记账、应收账款、应付账款和坏账准备总账及相应的明细账，登记期初余额；根据原始凭证填制记账凭证；根据记账凭证逐日逐笔登记日记账、明细账和总账；按日结计日记账余额；月末结计日记账、明细账和总账；进行银行存款对账，并编制银行存款余额调节表 2. 存货会计业务 存货收、发凭证的填制；建立存货明细账；存货收发按实际成本核算；存货收发按计划成本核算；建立"委托加工物资明细账"；编制"存货盘点表" 3. 非流动资产会计业务 编制"固定资产明细表"；填制"工程竣工验收单"；建立固定资产明细账及固定资产管理台账（卡片）；编制"固定资产折旧计算表"；固定资产的增加、处置、改良与维修的会计处理；期末计提固定资产减值准备 4. 收入、费用会计业务 分析收入、费用业务的原始凭证；确认收入；计量费用；计算利润 5. 财务会计报表编制 编制总分类账户余额试算平衡表、资产负债表、利润表和利润分配表、现金流量表		
教学方法建议	1. 演示教学法 2. 理实一体化教学法 3. 做中学教学法		
教学场所要求	校内完成		
考核评价要求	1. 采用自评、互评、教师评价相结合的方式 2. 考核评价组成要素：学生出勤、阶段性进度检查、会计核算规范、独立自主完成情况 3. 合理设置考核评价组成要素的权重，体现过程与结果、知识与能力并重的原则		

财务会计综合实训技能单元教学要求　　　　　　　　表 45

单元名称	财务会计综合实训	最低学时	120 学时
教学目标	专业能力： 1. 熟悉手工记账和电算化记账下的会计处理程序和方法 2. 明确企业主要会计岗位的职责 3. 具备利用会计信息进行财务分析的能力 方法能力： 1. 强化学生会计基本技能的训练 2. 培养学生的数据处理能力 3. 培养学生分析和处理会计事项的能力 4. 能利用会计软件进行日常业务的会计处理 社会能力： 1. 培养实事求是的工作态度和科学严谨的工作作风 2. 具备较高的政策水平、较强的法制观念和良好的职业道德 3. 培养学生的协作意识与团队精神		
教学内容	设置出纳、记账、稽核、主管会计四个岗位，分别采用手工记账和电算化记账两种核算形式，按业务量和时间分阶段轮岗操作，进行企业各会计要素的核算、成本计算及财务报表编制的训练，并根据报表进行财务分析 （一）手工操作实训内容及要求 1. 设置会计账簿 根据会计业务的需要准确地选择账簿的格式和形式，科学地设置会计账簿 2. 填制和审核会计凭证 根据经济业务确定原始凭证的内容，并能填制和审核原始凭证；熟练掌握记账凭证的编制方法；掌握会计凭证的传递、整理和保管方法 3. 登记会计账簿 按记账规则熟练、规范地登记各种会计账簿；选择正确的更正方法进行错账的更正；编制"总分类账户发生额及余额试算平衡表" 4. 进行成本计算和损益核算 运用科学的成本核算方法进行费用的归集和分配；较全面地处理期末会计调整事项；掌握期间费用、税金、利润的核算方法 5. 财务报告的编制及分析 编制"资产负债表"、"利润表"和"现金流量表"；编制企业主要内部报表；利用会计资料进行财务分析 （二）上机操作实训内容及要求 鉴于计算机记账快捷的特点，将记账与稽核岗位合并，设置出纳、会计、复核记账三个岗位，并设置各岗位的操作权限和操作密码。通过训练，要求熟悉利用计算机处理会计业务的程序，掌握各岗位的工作权限和操作技能 1. 账务处理系统的操作 进行会计凭证的输入、审核、输出；进行记账、结账以及账簿输出 2. 报表处理系统的操作 进行财务报表的格式设置和公式设置 3. 工资核算系统的操作 进行系统初始化的操作；能进行工资数据的编辑、保存和输出		

续表

单元名称	财务会计综合实训	最低学时	120学时
教学方法建议	1. 在教学辅导中要以学生为主体，充分调动学生的积极性、主动性，注重培养学生的创新精神和实践能力 2. 在编制财务报告时，可将12月份的期初余额视为年初余额，将12月份的业务视为全年业务，以利于财务报表的编制和分析		
教学场所要求	校内完成		
考核评价要求	1. 个人进行自评，写出书面总结 2. 小组成员互评，分出优良中差 3. 教师根据每组完成的实训成果是否规范、正确，并结合实训过程中的表现、阶段性检查记录等综合考评，给出成绩 4. 根据答辩过程中表达是否流利、思路是否清晰等给出答辩成绩，对有独到见解的学生应特别给予鼓励 5. 综合前述各项成绩综合计算出总评成绩		

工程量清单计价技能单元教学要求　　　　　　　　　　　　　表46

单元名称	工程量清单计价	最低学时	30学时
教学目标	专业能力： 1. 培养学生基本具备编制建筑工程工程量清单文件的能力 2. 培养学生基本具备编制建筑工程工程量清单计价文件的能力 方法能力： 1. 培养学生自我学习能力 2. 培养学生对计量计价相关资料的整理应用能力 3. 培养学生基本办公软件操作能力 社会能力： 1. 培养学生科学、缜密、严谨的思想作风 2. 培养学生组织协调、合作交流、解决问题的能力 3. 培养学生组织和执行任务的能力		
教学内容	1. 分部分项工程量清单项目的工料机消耗量计算、汇总 2. 分部分项工程量清单项目综合单价的计算 3. 措施项目费的计算 4. 规范和税金的计算 5. 工程造价汇总 6. 编写编制说明、填写封面、装订成册		
教学方法建议	1. 项目教学法 2. 任务驱动教学法 3. 案例分析法		
教学场所要求	校内完成		

续表

单元名称	工程量清单计价	最低学时	30 学时
考核评价要求	1. 采用自评、互评、教师评价相结合的方式 2. 考核评价组成要素：学生出勤、实训过程、实训成果、答辩 3. 合理设置考核评价组成要素的权重，体现过程与结果、知识与能力并重的原则		

工程造价综合实训技能单元教学要求　　　　表 47

单元名称	工程造价综合实训	最低学时	120 学时
教学目标	专业能力： 1. 具备定额的使用能力 2. 具备定额计价法编制费用文件的能力 3. 具备编制清单计价文件的能力 方法能力： 1. 培养学生综合运用专业知识及理论的能力 2. 培养学生收集和处理信息的能力 3. 培养学生自我学习能力 社会能力： 1. 培养学生良好的沟通与协调能力 2. 培养学生组织协调、合作交流、解决问题的能力 3. 培养学生组织和执行任务的能力		
教学内容	1. 定额的使用 定额基价的确定与工料分析的方法 2. 定额计价法编制费用文件 工程造价的费用确定计价程序与编制方法 3. 清单文件的编制 清单文件的组成内容与清单文件编制方法 4. 清单计价文件的编制 清单计价文件的组成内容、计价程序与编制方法		
教学方法建议	1. 演示教学法 2. 做中学教学法		
教学场所要求	校内完成		
考核评价要求	1. 采用自评、互评、教师评价相结合的方式 2. 考核评价组成要素：学生出勤、进度完成情况、过程提问与答疑、实训成果的质量与规范性、答辩 3. 合理设置考核评价组成要素的权重，体现过程与结果、知识与能力并重的原则		

审计基础技能单元教学要求 表48

单元名称	审计基础	最低学时	30学时
教学目标	专业能力： 1. 具备制订审计计划、编写审计方案的能力 2. 掌握具体审计方法的运用，如：检查、查询及函证、计算、分析性复核、监盘等方法的运用，具备收集、鉴别与评价审计证据的能力 3. 能够查找企业中存在的会计错弊，正确编制调账会计分录，具备审计工作底稿、审计报告编写的能力 方法能力： 1. 能熟练运用计算机办公软件，Word 和 Excel 2. 培养学生收集和处理信息的能力 社会能力： 1. 培养学生良好的沟通与协调能力 2. 培养学生一定的逻辑思维与判断能力		
教学内容	1. 编写审计方案 了解被审计单位的基本情况，制订审计计划，编写审计方案 2. 编制审计工作底稿 运用审计方法进行有关报表项目的实质性测试，收集充分适当的审计证据；编制现金盘点表；应收账款的账龄分析与函证；存货内部控制调查、存货收发存审计、存货监盘程序；固定资产分类汇总表的编制、固定资产增减变动审计；收入的确认、收入的分析性复核及截止测试；直接材料、直接人工、制造费用的分析性复核，主营业务成本倒轧表的编制；利润的真实性审计、利润分配的合法性审计 3. 撰写审计报告 对审计证据进行整理、分析、鉴别、汇总，形成恰当的审计意见，并出具审计报告 4. 专业调查报告 ①审计机构的组织与管理；②不同类型审计机构的审计内容与范围；③不同审计机构对审计业务的管理		
教学方法建议	1. 演示教学法 2. 理实一体化教学法 3. 做中学教学法		
教学场所要求	校内校外共同完成		
考核评价要求	1. 采用自评、互评、教师评价相结合的方式 2. 考核要素：审计工作底稿、审计报告、学生出勤、实习过程、团队协作 3. 合理设置考核评价组成要素的权重，体现过程与结果、知识与能力并重的原则		

工程项目物资成本核算技能单元教学要求 表49

单元名称	工程项目物资成本核算	最低学时	30 学时
教学目标	专业能力： 1. 具备对施工项目现场物资收入进行核算的能力 2. 具备对施工项目现场物资支出进行核算的能力 3. 具备对项目物资的消耗进行统计的能力 4. 具备对项目物资消耗的实际成本进行核算的能力 方法能力： 1. 培养利用会计知识核算物资成本的能力 2. 培养利用现代化的网络及会计软件进行成本核算及成本分析的能力 社会能力： 1. 培养学生在进行成本核算时与相关部门之间信息沟通的能力 2. 培养学生独立思考，利用所学知识解决问题的能力 3. 培养学生统筹施工全过程成本核算的能力		
教学内容	1. 物资收入核算 采购方式，核算采购成本 2. 物资支出核算 领料程序，支出核算方法运用 3. 物资消耗统计 分类统计，分析消耗的合理性，做供应计划 4. 物资消耗的实际成本核算 核算方法的采用，核算结果的分析		
教学方法建议	1. 案例教学法 2. 做中学教学法		
教学场所要求	校内完成		
考核评价要求	1. 根据实训成果的规范性和实训过程的阶段性检查记录进行评价 2. 合理设置考核评价组成要素的权重，体现过程与结果、知识与能力并重的原则		

工程项目物资管理综合实训技能单元教学要求 表50

单元名称	工程项目物资管理综合实训	最低学时	210 学时
教学目标	专业能力： 1. 能够进行工程项目物资的全过程管理工作 2. 能编制工程项目物资需求量计划、采购计划、现场管理计划、供应计划，进行物资成本核算；采用物资管理信息系统辅助管理 方法能力： 1. 能准确收集物资在采购、入库、消耗等过程中的信息 2. 利用预算软件或定额核算工程物资消耗 3. 利用计算机进行物资的收、发、消耗的统计核算，分析消耗的合理性 社会能力： 1. 从项目建设全过程的角度进行物资管理，具备全过程管理的观念 2. 具备与物资供应部门与物资消耗部门良好沟通的能力		

续表

单元名称	工程项目物资管理综合实训	最低学时	210 学时
教学内容	1. 编制工程项目物资需求量计划 熟悉定额，计算消耗量，核定需求量 2. 编制工程项目物资采购计划 采购的时间、地点、方式、对象 3. 编制工程项目物资现场管理计划 管理目标，管理对象，管理方法 4. 进行物资成本核算 核算方法的采用 5. 采用物资管理信息系统辅助管理 系统构成，系统操作		
教学方法建议	1. 案例教学 2. 教学做合一		
教学场所要求	校内完成		
考核评价要求	1. 考核评价要素：出勤情况、设计过程中随机提问、阶段性检查、答辩、实训成果的完整性与规范性 2. 合理设置考核评价组成要素的权重，体现过程与结果、知识与能力并重的原则		

物资采购招标文件编制技能单元教学要求　　　　　　　　　　　　　　表 51

单元名称	物资采购招标文件编制	最低学时	30 学时
教学目标	专业能力： 1. 具备收集、分析招标文件基础资料的能力 2. 具备编制物资采购招标文件的能力 方法能力： 1. 能够利用现代信息技术收集相关招标资料 2. 能够与同学协作共同编制招标文件 社会能力： 1. 培养学生的主观能动性及协作精神 2. 培养学生良好的沟通、独立思考及分析、判断能力		
教学内容	1. 编制招标公告（或投标邀请书） 招标方，招标项目概况，招标方式等 2. 编制投标人须知 投标人须知前附表，投标人须知 3. 确定评标办法 评标机构、评标程序、评标要求、综合评价法，经评审的最低投标报价法等 4. 确定合同条款及格式 确定采用的示范文本 5. 编制技术规范书 投标人应提供的技术文件、招标物资的具体要求等 6. 确定投标文件格式 投标函，商务标，技术标等		

续表

单元名称	物资采购招标文件编制	最低学时	30 学时
教学方法建议	1. 案例教学 2. 情景模拟教学		
教学场所要求	校内完成		
考核评价要求	1. 评价要素：出勤成绩、阶段性检查、招标文件编写情况、答辩情况 2. 合理设置考核评价组成要素的权重，体现过程与结果、知识与能力并重的原则		

3. 课程体系构建的原则要求

倡导各学校按照专业教育内容及标准，根据自身条件和特色构建本校化的课程体系。

课程教学包括基础理论教学和实践技能教学。课程可以按知识（技能领域）进行设置，也可以由若干个知识（技能领域）构成一门课程，还可以从各知识（技能领域）中抽取相关的单元组成课程，但最后形成的课程体系应覆盖知识（技能体系）的单元，尤其是核心知识（技能单元）。

专业课程体系由核心课程和选修课程组成，核心课程应该覆盖知识（技能体系）中的全部核心单元。同时，各院校可选择一些选修知识（技能单元）和反映学校特色的知识（技能单元）构建选修课程。

倡导工学结合、理实一体的课程模式，实践教学应形成由基础训练、综合训练、顶岗实习构成的完整体系。

9 专业办学基本条件和教学建议

9.1 专业教学团队

1. 专业带头人

各校根据专业方向确定 1 名专业带头人，专业带头人必须具备如下条件：

（1）具有建筑经济管理专业学历或相关专业学历；

（2）具有高校或工程系列高级职称；

（3）具有把握专业改革方向的能力，能够承担专业规划建设、人才培养方案设计、课程体系构建、课程标准建设等任务；能够为企业提供技术咨询、项目研发服务等。

2．师资数量

专业教师的人数应和学生规模相适应，生师比不大于 18：1。按照开设的专业方向，主要专任专业教师不少于 5 人，实训教师不少于 2 人，企业兼职教师不少于 3 人。

3. 师资水平及结构

（1）师资水平：专业教师应取得教师资格证，具备主持或参与专业建设，承担课程改革任务，制定课程标准，进行教学研究和较强的实践能力。实训教师应具有编写课程实训、毕业综合实训的任务书和指导书的能力。企业兼职教师应具有相关专业执业资格，事业心强，富有责任感，具有传授专业思想和专业技能的能力，能把握专业教学过程，能按兼职教师岗位要求按时完成实践教学任务。

（2）结构：专业教师应具有大学本科以上学历，且相关专业或相近专业的教师达到50％以上，其中硕士研究生学历不少于2人，平均具有8年以上教龄；具有副教授以上职称的专业教师2人，讲师2人，助教1人；专任专业教师双师素质比例达到80％以上。

企业兼职教师年龄在50岁以内，本科学历，中级职称及以上，主要承担不少于35％专业课的教学任务。

9.2 教学设施

1. 校内实训条件

校内实训条件要求见表52。

校内实训条件要求　　　　　　　　表52

序号	实践教学项目		主要设备、设施名称及数量	实训室（场地）面积（m²）	备注
1	建筑材料检测实训	水泥检测	1. 负压筛析仪2台 2. 水泥净浆搅拌机2台 3. 标准法维卡仪8台 4. 沸煮箱2台 5. 湿气养护箱1台 6. 行星式胶砂搅拌机2台 7. 水泥胶砂振实台2台 8. 水泥抗折强度试验机2台 9. 水泥抗压强度试验机2台	不小于80m²	基本实训项目校内完成
		混凝土用集料检测实训	1. 砂石方孔筛8套 2. 鼓风烘箱1台 3. 摇筛机2台	不小于80m²	基本实训项目校内完成
		混凝土检测	1. 坍落度筒及其捣棒8套 2. 混凝土试模8组 3. 混凝土恒温恒湿养护箱1台 4. 压力试验机1台	室外场地不小于200m²；混凝土养护实训室不小于50m²；强度检测利用学院力学实训室	基本实训项目校内完成
		钢筋检测	万能材料试验机1台	利用学院力学实训室进行检测	基本实训项目校内完成
		墙体材料检测	压力试验机1台	利用学院力学实训室进行检测	基本实训项目校内完成

续表

序号	实践教学项目	主要设备、设施名称及数量	实训室（场地）面积（m^2）	备注
2	民用建筑施工图识读实训	1. 计算机及CAD制图软件50台 2. 皮尺、卷尺等17套 3. 建筑施工图10套	不小于70m^2	基本实训项目校内完成
3	建筑基础认知实训	1. 整体建筑模型1套 2. 工艺模型1套 3. 多媒体设备1套	不小于200m^2	选择实训项目校内、校外结合完成
4	钢筋翻样与算量实训	普通教室或理实一体化教室		基本实训项目校内完成
5	建筑工程预算实训	普通教室		基本实训项目校内完成
6	会计基础业务处理实训	普通教室		基本实训项目校内完成
7	施工企业成本核算实训	普通教室		基本实训项目校内完成
F_{11}	财务会计业务处理实训	普通教室		基本实训项目校内完成
F_{12}	会计基本技能实训	1. 计算机50台 2. 算盘50	不小于70m^2	选择实训项目校内完成
F_{13}	房地产开发成本会计业务处理实训	普通教室		选择实训项目校内完成
F_{14}	建筑企业财务管理实训	普通教室		选择实训项目校内完成
F_{15}	工程量清单计价实训	普通教室		基本实训项目校内完成
F_{16}	审计基础实训	普通教室		基本实训项目校内完成
F_{17}	工程造价综合实训	1. 图纸50套 2. 计算机50台 3. 造价软件（网络版）1套	不小于70m^2	基本实训项目校内完成
F_{18}	财务会计综合实训	1. 账簿、凭证、报表50套 2. 计算机50台 3. 财务软件（网络版）1套	不小于70 m^2	基本实训项目校内完成
F_{21}	工程项目物资成本核算实训	普通教室		基本实训项目校内完成

续表

序号	实践教学项目	主要设备、设施名称及数量	实训室（场地）面积（m^2）	备 注
F_{22}	物流单证实训	普通教室		拓展实训项目 校内完成
F_{23}	单位工程施工组织设计实训	普通教室		选择实训项目 校内完成
F_{24}	物资采购招标文件编制实训	普通教室		基本实训项目 校内完成
F_{25}	物资采购交易模拟演练	多媒体设备及相关设施 1 套	不小于 60 m^2	拓展实训项目 校内完成
F_{26}	建筑工程资料管理实训	普通教室		选择实训项目 校内完成
F_{27}	工程项目物资管理综合实训	1. 图纸 50 套 2. 计算机 50 台 3. 物资管理信息系统软件（网络版）1 套	不小于 70 m^2	基本实训项目 校内完成

注：1. 表中实训设备及场地按一个教学班同时训练计算；

2. F_{1x} 为建筑会计与审计方向的实训项目；

3. F_{2x} 为建筑物资管理方向的实训项目。

2. 校外实训基地的基本要求

具有稳定、能满足教学要求的校外实训基地。校外实训基地除满足学生的实习实训外，还要能够满足教师挂职锻炼、横向课题及专业技能开发、产教结合、教学案例收集等的需求。每个基地至少配 2 个企业兼职指导教师。

3. 信息网络教学条件

有多媒体教学设备和供学生上网查询专业资料的信息网络系统。

9.3 教材及图书、数字化（网络）资料等学习资源

1. 教材

优先采用教育部高职高专规划教材和高职高专国家精品教材。

2. 图书及数字化资料

（1）应有实用的经济管理、工程造价、财务会计、物资管理等方面的专业图书和期刊（含报纸）以及本科教材；有一定数量且适用的电子读物，并经常更新。

（2）建立建筑经济管理专业方向的网络教学资源库。

9.4 教学方法、手段与教学组织形式建议

按照学生的学习和认知规律，强调学生所学知识和能力在实践中的运用。专业理论课程教学，建议以典型工作任务为载体，在教学过程中采用教师展示、演示和现场教学并

行，学生提问与教师解答、指导相结合，让学生在"教"与"学"的过程中掌握理论课程的基本知识，实现理论与实践一体化。专业实践课程教学，建议采用项目教学、模拟操作等方法，引导学生在"做中学、学中做"，不断提高学生的动手能力和专业技能。

9.5 教学评价、考核建议

考核与评价原则：建立集知识、技能、素质三位一体的考核评价体系，在专业知识考核方面，以职业岗位所必需的理论知识为依据，重点考核学生对专业知识的掌握与理解的程度；在专业技能考核方面，主要考核学生熟练应用专业知识分析问题和综合解决问题的能力及技巧；在素质考核方面，重点考核学生的团队合作意识、学习态度与质量、助人与好学等方面。

按照以上原则，根据课程的具体内容和特点，设置每门专业主干课程知识、技能、素质三方面的考核点与考核细则，确定考核评价主体，考核评价方法等，形成专业教育课程考核评价体系。

在考核评价过程中，要充分重视对学生在校内实训阶段、校外顶岗实习阶段的考核评价。

考核评价可采用笔试、答辩、实际操作相结合，过程与结果相结合，自评与互评相结合，定性评价与定量评价相结合的方式进行。

9.6 教学管理

加强各项教学管理规章制度建设，规范教学管理文件，加强教学质量检查与监控，提高教学质量。

（1）教学计划的管理

教学计划是保证教育教学质量和人才培养规格与特色的重要文件，是组织教学过程、安排教学任务、确定教学资源及有关工作的基本依据。因此在制定专业教学计划时，要突出以学生为本，注重工学结合。专业教学计划应包括专业培养目标、培养规格；标准修业年限；课程设置（含课程性质、类型、学时学分分配、教学方式、开课时间、实践教学等）；教学进程总体安排；必要的说明。

各学校的专业实施性教学计划应按照专业带头人组织制定→系主任审阅→教学副院长审批的程序完成。

专业应严格执行审批后的教学计划。

（2）学分制的管理

实行学分制的学校，学生毕业前必须修满实施性教学计划规定的学分，不能以限选课或任选课的学分替代必修课的学分。

（3）规范考试、考核程序

考试（考核）的出题、审题、阅卷要有规范的程序，要有事故处理办法。有条件的学校可以建立试题库，由计算机组题出卷。

（4）规范日常教学管理

要有完整的日常教学管理规定。通过教学日常管理维持教学秩序，保证教学活动正常进行。

（5）规范教学档案管理

要建立教学档案管理室，安排专人管理，实现教学全过程档案管理，为提高教学质量打好基础。

（6）完善教学质量评价体系

完善教学质量评价体系与信息反馈系统，充分发挥教学督导、学生评教、社会评价的作用，进一步指导教学及其管理，提高教学质量。

10　继续学习深造建议

本专业毕业生根据所学专业方向，可通过高职升本、成人教育和自学考试等渠道继续深造学习，接受更高层次的专业教育。可选择会计学、工程管理、工程造价、物流工程与管理等专业面向。

附录 1

建筑经济管理专业教学基本要求实施示例

1　构建课程体系的架构与说明

按照《高等职业教育建筑经济管理专业教学基本要求》中所确定的教育内容，根据学院自身条件和特色构建课程体系。附图1为高等职业教育建筑经济管理专业课程体系架构图。

附图1　高等职业教育建筑经济管理专业课程体系架构图

在专业课程体系的基础上，根据关键知识和关键技能的需求，确定专业核心课程。建筑会计与审计方向的核心课程为：中级财务会计、施工企业会计、建筑企业财务管理、建筑工程预算、审计基础；建筑物资管理方向的核心课程为：建筑与装饰材料、施工企业会计、招标采购法律法规、建筑企业物资管理。

2 专业核心课程简介

中级财务会计课程简介　　　　　　　　　　　　　　附表1

课程名称	中级财务会计	190学时	理论100学时 实践90学时
教学目标	专业能力： 1. 熟悉财务会计核算的内容、特点与要求，掌握企业日常经济业务的核算方法以及工程成本的核算方法。具备正确判断和处理各类经济业务的能力，能够进行日常经济业务的会计核算 2. 掌握企业主要财务报表编制原理及方法，能够编制企业主要财务报表 方法能力： 1. 培养学生正确判断和正确处理各类经济业务的能力 2. 培养学生运用现代科技方法处理会计信息的能力 3. 培养学生的自学能力 社会能力： 1. 培养学生科学、缜密、严谨的思想作风 2. 培养学生良好的职业道德和心理素质 3. 培养学生组织协调与解决问题的能力 4. 培养学生较强的应变能力			
教学内容	单元1　总论 知识点：财务会计的特点、目标、基本假设，会计信息质量要求，会计要素的确认与计量，企业财务会计核算规范 单元2　货币资金和应收款项 知识点：现金管理及核算，银行支付结算方式，银行存款的管理及核算，银行存款的清查，其他货币资金的核算，应收账款的核算，应收票据的核算，预付账款核算，其他应收款核算，坏账损失的核算 技能点：熟悉各种银行结算方式及其适用对象，能进行各种货币资金的核算，会登记库存现金、银行存款日记账，会进行银行存款的核对，能编制银行存款余额调节表。会计算应收票据的到期值、贴现利息和贴现收入，能确定各年度坏账准备的计提数额并进行会计核算 单元3　存货 知识点：存货及其分类，材料采购与发出的手续与凭证，材料收入、领用的核算，周转材料领用、摊销、报废的核算，存货清查和期末计价的核算 技能点：能确定各种情况下取得存货的入账价值，能审核材料采购与发出的凭证是否合规合法，能分别按实际成本计价和按计划成本计价进行材料收、发的核算，会计算和结转收、发材料的成本差异，能进行周转材料领用、摊销及报废的核算，能进行存货清查和期末计价的核算 单元4　固定资产 知识点：固定资产的概念、特征与分类，固定资产的初始计量的核算，固定资产折旧的核算，固定后续支出的核算，固定资产处置的核算，固定资产减值的核算 技能点：能确定各种情况下取得固定资产的入账价值，能进行固定资产增加、减少的核算，能采用不同方法准确计算固定资产应计提的折旧额，会进行固定资产修理、改良及清查的核算，能进行固定资产期末计价的核算 单元5　投资性房地产 知识点：投资性房地产的概念，投资性房地产的初始计量，投资性房地产采用成本模式进行后续计量的核算，投资性房地产采用公允价值模式进行后续计量的核算，投资性房地产转换和处置的核算			

续表

课程名称	中级财务会计	190学时	理论100学时 实践90学时
教学内容	技能点：能采用成本计量模式对投资性房地产的取得、后续计量以及处置进行核算，能采用公允价值计量模式对投资性房地产的取得、后续计量以及处置进行核算，能进行投资性房地产转换的核算 单元6　无形资产及其他资产 知识点：无形资产的概念及特征，无形资产取得、摊销、报废和处置的核算；商誉核算，长期待摊费用的核算 技能点：能进行无形资产取得、摊销以及转让的核算，会对其他长期资产的形成和摊销进行核算 单元7　金融资产 知识点：金融资产的含义和分类，以公允价值计量且变动计入当期损益的金融资产核算，持有至到期投资的核算，可供出售金融资产核算，长期股权投资的概念及核算范围，长期股权投资的初始计量，长期股权投资核算的成本法，长期股权投资核算的权益法。金融资产减值的核算 技能点：熟悉各类金融资产核算应设置的科目，能对交易性金融资产、持有至到期投资和可供出售金融资产的取得、处置及持有期间相关业务进行会计核算，能运用成本法进行长期股权投资取得、确认应收股利等业务的核算，能运用权益法对长期股权投资的取得、年末投资收益的确认、收到股利等业务进行核算 单元8　非货币性资产交换 知识点：非货币性资产交换的认定，换入资产成本的计量基础，非货币性资产交换按公允价值计量的核算，非货币性资产交换按账面价值计量的核算 技能点：能根据实际情况确定换入资产成本的计量基础，能进行非货币性资产交换按公允价值计量的核算，能进行非货币性资产交换按账面价值计量的核算 单元9　负债 知识点：负债的概念、特征、分类，短期借款、应付票据、应付账款、预收账款、应付职工薪酬、应交税费等流动负债的核算，长期借款、应付债券、长期应付款等非流动负债的核算，借款费用及其确认原则，借款费用资本化期间的确定，借款费用资本化金额的确认，债务重组的核算，或有负债的核算 技能点：能进行短期借款、应付票据、应付账款、预收账款、应付职工薪酬、应交税费等流动负债的核算，能进行长期借款、应付债券、长期应付款等非流动负债的核算，能确定借款费用开始资本化、暂停资本化和停止资本化的时间，能正确计算借款费用资本化的金额并进行账务处理，能区分债务重组收益和债务重组中的资产处置损益并正确计量，能根据具体情况确认预计负债 单元10　所有者权益 知识点：所有者权益的特征、来源及内容，投入资本的核算、资本公积的核算、留存收益的核算 技能点：能对不同出资方式下取得的资本进行核算，能对不同渠道形成的资本公积进行核算，能进行盈余公积提取和使用的核算 单元11　收入 知识点：收入的内容和特征，收入的分类，销售商品收入的确认和计量，提供劳务收入的确认和计量，让渡资产使用权收入的确认和计量，建造合同收入的确认与计量 技能点：能够进行销售商品收入、提供劳务收入，让渡资产使用权收入的确认和计量，建造合同收入的确认与计量，能够根据完工进度确认建造合同的收入和费用，能区分不同情况进行建造合同收入的核算 单元12　费用 知识点：费用的概念及特征，费用的分类，费用的确认和计量，管理费用、财务费用、销售费用的核算，所得税费用的内容，所得税费用的核算方法，所得税核算的一般程序，计税基础和暂时性差异，递延所得税资产和递延所得税负债的确认，所得税费用的确认与计量

续表

课程名称	中级财务会计	190 学时	理论 100 学时 实践 90 学时
教学内容	技能点：能正确区分费用项目并进行核算，会分析资产、负债账面价值与其计税基础的差异及性质，根据暂时性差异的性质计算递延所得税负债和递延所得税资产的应有数额以及应该进一步确认的金额；能根据税法规定计算当期应缴所得税，确定利润表中的所得税费用并进行账务处理 单元 13　利润 知识点：利润的构成，营业外收支的核算，利润形成的核算，利润分配的核算 技能点：熟悉企业利润的组成以及利润分配的程序，能区分营业外收支并正确核算，会进行各利润构成要素的结转，能进行利润分配的核算 单元 14　财务报告 知识点：财务报告的内容，财务报告的基本列报要求，资产负债表的结构及编制方法，利润表的结构及编制方法，现金流量表的结构及编制方法，所有者权益变动表的结构及编制方法 技能点：能够根据资料编制资产负债表、利润表、现金流量表及所有者权益变动表 单元 15　会计调整 知识点：会计政策变更，会计估计变更，前期差错更正，资产负债表日后事项的含义及内容，资产负债表日后调整事项的会计处理，资产负债表日后非调整事项的会计处理		
实训项目及内容	财务会计实训：货币资金与往来款项会计业务，存货会计业务，长期资产会计业务，收入、费用会计业务，会计报表表编制		
教学方法建议	1. 案例教学法 2. 演示教学法 3. 理实一体化教学法		
考核评价要求	1. 考核评价组成要素：学生出勤、课堂表现、作业完成情况、平时测验、期末考试成绩 2. 合理设置考核评价组成要素的权重，体现过程与结果、知识与能力并重的原则 3. 实训项目作为实践课程单独计成绩		

施工企业会计课程简介　　　　　　　　　　　　　　　　　　　　　　　附表 2

课程名称	施工企业会计	110 学时	理论 40 学时 实践 70 学时
教学目标	专业能力： 1. 熟悉施工企业会计核算的内容、特点与要求，掌握企业日常经济业务的核算方法以及工程成本核算的程序与方法 2. 掌握企业主要会计报表编制原理及方法 方法能力： 1. 具有正确判断和正确处理各类经济业务的能力 2. 具有运用现代科技方法学习、工作的能力 社会能力： 1. 能够适应企业要求，运用所学知识与技能正确处理各种业务 2. 具有科学、缜密、严谨的思想作风 3. 具有良好的协作意识和团队精神		

续表

课程名称	施工企业会计	110学时	理论40学时 实践70学时
教学内容	\multicolumn{3}{l	}{单元1　总论 知识点：施工企业会计的概念、特点、目标、会计核算的基本前提及会计信息质量要求、会计要素的确认与计量、施工企业的会计科目的设置 技能点：熟悉施工企业经营活动的特点、会计要素的内容以及施工企业会计的主要特点，明确会计核算的基本前提、会计信息质量要求，熟悉施工企业会计核算应设置的科目 单元2　工程成本与期间费用 知识点：工程成本与期间费用，工程成本的种类，工程成本核算的意义及要求，工程成本核算的程序，辅助生产的核算，机械作业的核算，人工费、材料费、机械使用费、其他直接费、间接费用的归集与分配，竣工工程成本的结转，期间费用的核算 技能点：工程成本与期间费用的正确划分，工程实际成本与工程预算成本的区别与联系，熟悉工程成本核算的要求和程序，能进行辅助生产费用、机械作业费用、施工间接费用归集和分配的核算，能科学合理地归集施工生产费用，能科学合理地归集期间费用，懂得工程成本结算的内容和方法 单元3　收入 知识点：收入的内容，建造合同收入的内容，建造合同收入的确认与核算，工程价款的结算与相关税费的核算，其他业务收入的内容，其他业务收入的核算 技能点：熟悉施工企业营业收入的核算范围，明确建造合同收入确认的方法及其适用条件，能根据完工进度确认建造合同的收入和费用，能区分不同情况进行建造合同收入的核算，能分别自行完成的工程、分包完成的工程进行工程价款结算的核算，能对与建造合同有关的税费进行核算，能够进行商品销售收入、提供劳务收入、让渡资产使用权收入的核算 单元4　利润及利润分配 知识点：利润的构成，营业外收支的核算，利润形成的核算，利润分配的核算 技能点：熟悉施工企业利润的组成以及利润分配的程序，能区分营业外收支并进行核算，会进行各利润构成要素的结转，能进行利润分配的核算 单元5　所得税 知识点：所得税的内容，所得税的核算方法，所得税核算的一般程序，计税基础和暂时性差异，递延所得税资产和递延所得税负债的确认，所得税费用的确认与计量 技能点：能够根据企业会计准则和税法规定确定资产负债表中有关资产、负债的账面价值和计税基础，分析资产、负债账面价值与其计税基础的差异及性质，根据暂时性差异的性质计算递延所得税负债和递延所得税资产的应有数额以及应该进一步确认的金额；能根据税法规定计算当期应缴纳所得税，确定利润表中的所得税费用并进行账务处理 单元6　财务报告 知识点：财务报告的内容，财务报告的基本列报要求，资产负债表的结构及编制方法，利润表的结构及编制方法，现金流量表的结构及编制方法，所有者权益变动表的结构及编制方法 技能点：能够根据资料编制资产负债表、利润表、现金流量表及所有者权益变动表}
实训项目及内容	\multicolumn{3}{l	}{施工企业成本核算实训：建账、填制和审核会计凭证、登记日记账及明细账、编制记账凭证汇总表、登记总账、对账、结账、编制试算平衡表、编制成本报表、整理装订}
教学方法建议	\multicolumn{3}{l	}{1. 问题法 2. 任务驱动教学法 3. 情境教学法}
考核评价要求	\multicolumn{3}{l	}{1. 采用自评、互评、教师评价相结合的方式 2. 考核评价组成要素：学生出勤、课堂表现、作业完成情况、期末考试成绩、实训成果、团队协作 3. 合理设置考核评价组成要素的权重，体现过程与结果、知识与能力并重的原则 4. 实训项目作为实践课程单独计成绩}

建筑工程预算课程简介 附表3

课程名称	建筑工程预算	150 学时	理论 60 学时 实践 90 学时
教学目标	专业能力： 会熟练计算建筑面积、建筑工程量、直接费、建筑工程费用，独立编制建筑工程预算 方法能力： 掌握建筑面积计算方法、建筑工程量计算方法，熟悉预算定额和费用定额，掌握建筑工程直接工程费、措施费、间接费、规费利润、税金等费用计算方法，掌握建筑工程预算书编制的方法 社会能力： 能自我控制学习进程和实训内容，积极参加编制建筑工程预算的社会实践			
教学内容	单元1　建筑工程预算概述 知识点：建设预算系统、施工图预算构成要素 技能点：施工图预算编制简例 单元2　建筑工程定额概述 知识点：定额系统、预算定额构成要素、预算定额的内容 单元3　建筑工程量计算规则概述 知识点：制定工程量计算规则有哪些考虑、如何运用好工程量计算规则、工程量计算规则发展趋势 单元4　运用统筹法计算工程量 知识点：统筹法计算工程量的要点、统筹法计算工程量方法 单元5　建筑面积计算 知识点：建筑面积的概念、建筑面积的作用、建筑面积计算规则 技能点：建筑面积计算实例 单元6　工程量计算 知识点：土石方工程量、桩基及脚手架工程量、桩基及脚手架工程量、砌筑工程量、混凝土及钢筋混凝土工程量、门窗及木结构工程量、楼地面工程量、屋面工程量、装饰工程量、金属结构制作工程量计算方法 技能点：土石方工程量、桩基及脚手架工程量、砌筑工程量、混凝土及钢筋混凝土工程量、门窗及木结构工程量、楼地面工程量、屋面工程量、装饰工程量、金属结构制作工程量计算实例 单元7　直接费计算及工料分析 知识点：直接费内容、直接费计算顺序、工料分析方法、材料价差调整方法 技能点：直接费计算、工料分析及汇总、材料价差调整、直接费计算及工料分析实例 单元8　建筑工程费用计算 知识点：建筑工程费用构成、建筑工程费用计算方法 技能点：建筑工程费用计算			
实训项目及内容	建筑工程预算实训：计算工程量，套用预算定额、预算定额换算、直接费计算、工料分析及汇总、间接费计算、利润税金计算，预算书装订			
教学方法建议	1. 问题法 2. 讨论法 3. 案例教学法			
考核评价要求	1. 采用自评、互评、教师评价相结合的方式 2. 考核评价组成要素：学生出勤、课堂表现、作业完成情况、期末考试成绩、实训成果、团队协作 3. 合理设置考核评价组成要素的权重，体现过程与结果、知识与能力并重的原则 4. 实训项目作为实践课程单独计成绩			

建筑企业财务管理课程简介　　　　附表 4

课程名称	建筑企业财务管理	90 学时	理论 50 学时 实践 40 学时
教学目标	专业能力： 1. 通过学习，学生具有从事财务管理工作所必需的财务管理业务知识和工作能力，具备较高的财务管理理论水平和业务水平，能够运用财务管理基本知识和基本原理进行财务决策 2. 能够进行专业性的财务分析、编制建筑企业各种财务计划，动态地控制财务指标，同时具有正确处理和协调企业财务关系的能力，确保建筑企业财务总体目标的实现 方法能力： 1. 建立现代企业理财的基本理念，掌握财务管理和财务运作的基本方法和基本技巧，掌握融资决策、投资决策、收益分配决策、资金营运的基本方法 2. 建立财务分析、财务计划和财务控制和财务信息反馈系统，运用系统理论编制建筑企业财务管理各种财务计划，运用动态原理控制财务目标，进行财务信息反馈 社会能力： 1. 使学生牢固树立企业财务管理的基本理念，精通企业财务管理的基本原理，熟悉财务管理的相关政策、法规，遵纪守法，合法经营 2. 培养学生良好的职业素养，具有分析问题和解决企业实际问题的理财能力			
教学内容	单元 1　建筑企业财务管理总论 知识点：建筑企业财务管理的内容；财务管理的目标、环节；理财环境 技能点：熟悉建筑企业财务管理目标和理财环境，掌握企业财务管理的基本内容和财务管理的基本环节 单元 2　财务管理的价值观念 知识点：资金时间价值的概念、实质和计算方法；风险价值的概念及衡量方法 技能点：认识资金时间价值的实质，掌握资金时间价值的计算方法；认清风险与报酬关系，掌握风险衡量的方法 单元 3　建筑企业财务分析 知识点：建筑企业财务分析的概念、目的和内容；财务分析的方法；财务指标分析；财务综合分析 技能点：熟悉建筑企业财务分析的目的和内容；掌握财务分析的方法；掌握财务指标计算和分析；掌握财务综合分析的体系和方法 单元 4　建筑企业融资管理 知识点：建筑企业融资目的、渠道和方式；建筑企业资金需要量预测；权益性融资；负债资金融资；资金成本的概念和计算方法；杠杆原理在财务管理中的应用；各种资本结构理论的内容和比较 技能点：熟悉融资渠道和方式；掌握资金需要量预测；掌握权益融资和负债融资的方法；掌握资金成本的计算方法和资本结构理论；掌握杠杆原理及应用方法；掌握最佳资本结构的确定理论与方法 单元 5　建筑企业项目投资决策 知识点：建筑企业项目投资的概念、分类和特点；投资项目的现金流量；项目投资决策的评价指标及其应用 技能点：认识建筑企业项目投资的概念、分类和特点；掌握投资项目现金流量的计算；掌握项目投资决策的基本方法 单元 6　证券投资决策 知识点：证券投资的种类与目的；证券投资的风险与收益率；证券投资决策；证券投资组合 技能点：熟悉证券投资的种类与目的；掌握证券投资风险衡量，能计算证券投资收益率；掌握证券投资决策方法；掌握证券投资组合的决策方法 单元 7　建筑企业营运资金管理 知识点：建筑企业营运资金的含义与特点；现金的管理；应收账款管理；存款管理			

续表

课程名称	建筑企业财务管理	90学时	理论50学时 实践40学时
教学内容	技能点：熟悉建筑企业营运资金的含义与特点；掌握现金管理内容和有关规定；掌握应收账款的内容及管理方法；掌握存货的内容及管理方法 单元8　建筑企业收益分配决策 知识点：建筑企业收益分配的概念、原则和规定；收益分配政策；收益分配顺序 技能点：熟悉建筑企业收益分配的概念原则和规定；掌握收益分配顺序；掌握收益分配政策和方法 单元9　建筑企业财务计划 知识点：建筑企业财务计划的意义与体系；财务计划编制方法；现金计划与预计财务报表的编制 技能点：熟悉建筑企业财务计划体系的建立；掌握建筑企业财务计划编制方法；掌握现金计划与预计财务报表的编制方法 单元10　建筑企业财务控制 知识点：建筑企业财务控制意义与种类；建筑企业财务控制的基本方法；责任会计控制 技能点：对建筑企业财务控制进行分类；建立财务控制体系，建立责任会计控制体系；动态原理进行财务控制		
实训项目及内容	建筑企业财务管理实训：建筑企业筹资决策、投资项目决策、财务计划、财务控制、财务分析		
教学方法建议	1. 问题法 2. 任务驱动教学法 3. 情境教学法		
考核评价要求	1. 采用自评、互评、教师评价相结合的方式 2. 考核评价组成要素：学生出勤、课堂表现、作业完成情况、期末考试成绩、实训成果、团队协作 3. 合理设置考核评价组成要素的权重，体现过程与结果、知识与能力并重的原则 4. 实训项目作为实践课程单独计成绩		

审计基础课程简介　　　　　　　　　　　　　　　　　　　　　　　　　　附表5

课程名称	审计基础	90学时	理论50学时 实践40学时
教学目标	专业能力： 1. 掌握审计的基本原理、基本内容、基本程序和方法；能够收集、鉴定审计证据 2. 能够对一些基本的简单的审计具体个案进行分析和处理，能够运用一些基本的审计技术和方法了解、评价经济组织的内部控制制度，进行实质性测试 3. 能够编写审计工作底稿，并根据不同的业务情况，正确出具审计报告 方法能力： 1. 能熟练运用计算机办公软件，Word和Excel 2. 能进行审计资料的整理与汇总 3. 培养学生自我学习能力 社会能力： 1. 强化政策法制观念，具备良好的职业道德 2. 善于沟通，表达能力强 3. 具有吃苦耐劳的品质，工作执行力强		

续表

课程名称	审计基础	90学时	理论50学时 实践40学时
教学内容	单元1　总论 　　知识点：审计的独立性；审计的职能和作用；审计的目标和标准；审计的对象和分类；注册会计师的业务范围和法律责任 　　技能点：能够熟悉注册会计师业务范围和法律责任，树立职业道德意识 单元2　财务报表审计的目标和一般原则 　　知识点：财务报表审计的总目标和具体目标；管理层的认定；财务报表审计的一般原则；财务报表是审计范围、组织方式；业务循环及划分 　　技能点：能正确判定与各具体审计目标相关的管理层认定 单元3　审计方法和审计过程 　　知识点：审计的一般方法和取证方法；选取测试项目的方法；样本的设计；选取样本的基本方法；审计过程的主要工作 　　技能点：能正确选择、运用不同的审计方法开展审计工作，会选取审计样本 单元4　审计证据和审计工作底稿 　　知识点：审计证据的内容、种类；审计证据的充分性和适当性；获取审计证据的审计程序；审计工作底稿的编制目的；审计工作底稿的种类、构成要素；审计工作底稿的复核和归档 　　技能点：能正确选择恰当的审计证据；明确审计工作包括的内容 单元5　审计业务约定书和计划审计工作 　　知识点：签订审计业务约定书的总体要求；签订审计业务约定书之前应做的工作；审计业务约定书的内容；计划审计工作的作用；初步业务活动的目的；总体审计策略和具体审计计划的基本内容 　　技能点：掌握签订审计业务约定书之前应做的工作，初步业务活动的内容 单元6　重要性及其评估 　　知识点：重要性的性质；重要性的两个层次；重要性与审计风险、审计证据的关系；重要性评估和运用的总体要求；计划重要性的评估 　　技能点：能在财务报表审计中正确运用重要性，能运用重要性水平评价审计结果 单元7　审计风险及其评估 　　知识点：审计风险的构成要素；重大错报风险的两个层次；审计风险模型及其运用；检查风险的确定和审计程序的设计；审计风险与审计证据的关系；风险评估的总体要求；了解被审计单位及其环境的内容和程序；内部控制的构成要素及其了解；内部控制的评价 　　技能点：能够运用审计风险模型确定检查风险的可接受水平；能运用风险评估程序了解被审计单位及其环境 单元8　风险应对 　　知识点：风险应对的总体要求；财务报表层次重大错报风险的总体应对措施；进一步审计程序的总体方案；进一步审计程序的时间、性质和范围；控制测试的时间、性质和范围；实质性程序的时间、性质和范围 　　技能点：掌握风险控制测试和实质性程序的性质、时间、范围 单元9　销售与收款循环审计 　　知识点：销售与收款循环涉及的业务活动、凭证和会计记录；销售与收款循环的内部控制及其测试；营业收入的实质性程序；应收账款的实质性程序；坏账准备的实质性测试；应交税费的实质性程序；营业税金及附加的实质性程序 　　技能点：能够对销售与收款循环的主要内部控制进行测试，对营业收入和应收账款进行实质性测试 单元10　采购与付款循环审计 　　知识点：采购与付款循环涉及的业务活动、凭证和会计记录；采购与付款循环的内部控制及测试；固定资产和累计折旧的实质性程序；应付账款和应付票据的实质性程序 　　技能点：能够对采购与付款循环的主要内部控制进行测试，对固定资产、累计折旧、应付账款、应付票据进行实质性测试

续表

课程名称	审计基础	90学时	理论50学时 实践40学时
教学内容	单元11　存货与仓储循环审计 　　知识点：存货与仓储循环涉及的业务活动、凭证和会计记录；存货与仓储循环相关的内部控制及其测试；存货监盘计划和基础程序；存货截止测试和存货计价测试；原材料、库存商品和存货跌价准备的实质性程序；营业成本的实质性程序；应付职工薪酬的实质性程序 　　技能点：能够对存货与仓储循环的内部控制进行测试，能够编制存货监盘计划并进行存货监盘，对营业成本、库存商品进行实质性测试 单元12　筹资与投资循环审计 　　知识点：筹资与投资循环涉及的业务活动、凭证和会计分录；筹资与投资循环的内部控制及其测试；所有者权益各项目的实质性程序；长短期借款和应付债券的实质性程序；交易性金融资产、持有至到期投资、可供出售金融资产、长期股权投资的实质性程序 　　技能点：能够对所有者权益各项目进行实质性测试，对交易性金融资产、持有至到期投资、可供出售金融资产、长期股权投资进行实质性测试 单元13　货币资金审计 　　知识点：货币资金的内部控制及测试；货币资金的审计目标；库存现金的实质性程序；银行存款的实质性程序；其他货币资金的实质性程序 　　技能点：能够编制库存现金盘点表；能够对银行存款进行实质性测试 单元14　终结审计和审计报告 　　知识点：审计差异的种类；审计差异调整表和试算平衡表；复核财务报表总体合理性；评价审计结果；完成审计工作底稿的质量控制复核；审计报告的作用和基本内容；各类审计报告的作用和基本内容；各类审计报告的出具条件、术语和格式 　　技能点：能编制审计差异调整表和试算平衡表；能识别不同的审计意见类型，根据具体情况分析判断该出具何种审计意见类型		
实训项目及内容	审计学基础实训：以企业的年度会计报表为实训资料，内容包括了解被审计单位基本情况，签订业务约定书；编制审计计划；运用审计方法进行有关报表项目的实质性测试，收集充分适当的审计证据，编制审计工作底稿；最后对审计证据进行整理、分析、鉴别、汇总，形成恰当的审计意见，并出具审计报告		
教学方法建议	1. 案例教学法 2. 启发式教学法 3. 实践教学法		
考核评价要求	1. 采用自评、互评、教师评价相结合的方式 2. 考核评价组成要素：学生出勤、课堂表现、作业完成情况、期末考试成绩、实训成果、团队协作 3. 合理设置考核评价组成要素的权重，体现过程与结果、知识与能力并重的原则 4. 实训项目作为实践课程单独计成绩		

建筑与装饰材料课程简介　　　　　　　　　　　　　　　　　　　　　　附表6

课程名称	建筑与装饰材料	60学时	理论46学时 实践14学时
教学目标	专业能力： 1. 熟悉工程中所使用的各种建筑与装饰材料的品种、规格、性能、应用、质量标准及其检测方法，为准确地进行材料成本核算和材料管理奠定基础 2. 能够阅读建筑与装饰材料检测报告 方法能力： 1. 培养学生自我学习能力 2. 培养学生检测报告处理能力 社会能力： 1. 培养学生科学、缜密、严谨的思想作风 2. 培养学生组织协调、合作交流、解决问题的能力		

续表

课程名称	建筑与装饰材料	60学时	理论46学时 实践14学时
教学内容	单元1　建筑与装饰材料的基本性质 　　知识点：材料的基本物理性质、力学性质、耐久性、装饰性、环境的协调性 　　技能点：能够正确测定表征材料各项性能的指标，并根据指标判定材料的适用性 单元2　无机胶凝材料 　　知识点：建筑石灰、建筑石膏、水泥的品种、水化与凝结硬化、技术要求、性能及其应用 　　技能点：水泥技术性质检测及其对检测结果的判定和处理；能够合理选用水泥、石灰品种；能够解释一些工程问题 单元3　混凝土与建筑砂浆 　　知识点：普通混凝土的基本组成材料、技术性质、外加剂和掺合料、配合比设计，其他混凝土品种；建筑砂浆的组成材料、技术性质、常见建筑砂浆的应用 　　技能点：集料检测及其对试验结果的判定和处理；普通混凝土拌合物性能、抗压强度检测及其对检测结果的判定和处理；能够解释一些工程问题 单元4　墙体材料 　　知识点：烧结普通砖、烧结多孔砖和空心砖的品种、技术要求、性能及应用；非烧结砖和常用砌块的类型、性能及应用；常用墙用板材的类型、性能及应用 　　技能点：对常用墙体材料的节能性、合格与否的判定；能够合理选用墙体材料；能够解释一些工程问题 单元5　金属材料 　　知识点：建筑钢材的主要技术性能，常用建筑钢材的品种与应用；装饰用金属制品 　　技能点：建筑钢材性能检测及其对检测结果的判定和处理；能够解释一些工程问题 单元6　防水材料 　　知识点：常用防水材料的分类、基本用材、防水卷材、防水涂料、密封材料、坡屋面刚性防水材料的种类、性能及应用 　　技能点：能够读懂施工图中防水部分的内容 单元7　合成高分子材料 　　知识点：合成高分子材料的性能特点，建筑塑料、建筑涂料、建筑胶粘剂的组成、性能及在工程中的应用 单元8　装饰材料 　　知识点：各种装饰材料（石材、玻璃、陶瓷、木材等）的种类、性能及应用		
实训项目及内容	项目1.水泥检测：细度、凝结时间、体积安定性、水泥胶砂强度 项目2.混凝土用集料检测：筛分析、表观密度、堆积密度 项目3.混凝土试配与检测：和易性、表观密度、强度 项目4.钢筋检测：拉伸、冷弯 项目5.墙体材料检测：强度		
教学方法建议	1.演示法 2.理实一体化教学法 3.试验教学		
考核评价要求	1.采用自评、互评、教师评价相结合的方式 2.考核评价组成要素：学生出勤、课堂表现、作业完成情况、期末考试成绩、实训成果、团队协作 3.合理设置考核评价组成要素的权重，体现过程与结果、知识与能力并重的原则		

招标采购法律法规课程简介　　　　　　　　　　　　　　附表7

课程名称	招标采购法律法规	学时 60	理论学时 50 实践学时 10
教学目标	专业能力： 1. 掌握招标投标活动全过程各环节的法律规定 2. 正确运用招标投标法律法规，分析判断和处理招标投标实际法律问题 方法能力： 1. 培养学生独立学习，思考的能力 2. 具有正确判断和处理实际法律问题的基本能力 社会能力： 1. 能够适应企业要求，运用所学知识与技能正确处理招标投标过程中各种实际问题 2. 具有科学、缜密、严谨的思想作风			
教学内容	单元1　招标投标的法律法规体系 知识点：招标投标法律法规体系的构成，工程、货物、服务三大类招标投标的主要规定，《招标投标法》的立法宗旨、基本原则，招标投标基本程序 技能点：对招标投标的法律法规有一定认识，掌握招标投标的基本原则和程序 单元2　招标投标的当事人 知识点：招标人的分类及资格条件，投标人的分类及资格条件，招标代理机构的资格条件和业务范围 技能点：能够正确判断实际问题中的相关当事人是否具备相应资格 单元3　招标 知识点：招标项目的范围和规模标准，招标的条件、招标方式和组织形式，招标公告的发布，资格审查，招标文件的构成和编制 技能点：能够将上述知识点融会贯通，正确判断和处理招标过程中的实际问题 单元4　投标 知识点：投标文件的编制、提交、修改、撤回，投标有效期，投标保证金，联合体投标，投标的限制性规定 技能点：能够将上述知识点融会贯通，正确判断和处理招标过程中的实际问题 单元5　开标和评标 知识点：开标的时间、地点、参与人和程序；评标专家的条件和选择；评标委员会的组建；工程建设项目评标方法；评标原则和程序；废标及重新招标 技能点：能够将上述知识点融会贯通，正确判断和处理开标和评标过程中的实际问题 单元6　中标与签约 知识点：中标条件，中标通知书，签订合同的要求，履约保证金 技能点：能够将上述知识点融会贯通，正确判断和处理招标过程中的实际问题 单元7　招标投标争议的解决 知识点：工程建设项目招标投诉，招标投标争议中的行政处罚，招标投标争议的行政复议，招标投标争议的行政诉讼，招标投标争议的仲裁，招标投标争议的民事诉讼 技能点：掌握各种解决方式的特点和适用范围，正确判断和处理招标过程中的各种争议 单元8　法律责任 知识点：法律责任的种类，招标人的法律责任，投标人的法律责任，招标代理机构的法律责任，评标委员会成员的法律责任，行政监督部门的法律责任 技能点：掌握各种法律责任的特点，正确判断实践中各具体情况下所应承担的责任形式			
教学方法建议	1. 问题法 2. 讨论法 3. 案例教学法			
考核评价要求	1. 采用自评、互评、教师评价相结合的方式 2. 考核评价组成要素：学生出勤、课堂表现、作业完成情况、期末考试成绩、实训成果、团队协作 3. 合理设置考核评价组成要素的权重，体现过程与结果、知识与能力并重的原则			

建筑企业物资管理课程简介　　　　　　　附表 8

课程名称	建筑企业物资管理	120 学时	理论 70 学时 实践 50 学时
教学目标	专业能力： 1. 具有工程项目物资全过程管理的能力 2. 能够运用物资管理的基本方法进行现场物资管理 方法能力： 1. 能够运用网络资源收集信息 2. 具备物资管理信息处理能力 社会能力： 1. 善于沟通，表达能力强 2. 具有吃苦耐劳的品质，工作执行力强 3. 分析问题、解决问题的能力		
教学内容	单元 1　建筑物资管理概述 知识点：掌握建筑物资管理的概念、建筑物资管理的内容和任务、建筑物资管理的工作程序、建筑物资管理的现代化；熟悉建筑物资管理的分类；了解建筑物资管理的作用 技能点：通过对建筑物资的分类掌握建筑物资的主要类型，掌握物资管理的重点；通过学习建筑物资管理工作的程序来指导今后的工作 单元 2　物资消耗定额管理 知识点：掌握建筑物资消耗定额的制定方法、建筑物资消耗定额文件的内容、降低建筑物资消耗的途径；熟悉建筑物资消耗定额的概念；了解建筑物资消耗定额的作用 技能点：熟练掌握物资消耗定额文件的内容，明确单位工程量物资消耗量的计算方法 单元 3　建筑物资储备定额管理 知识点：掌握建筑物资经常储备定额、建筑物资保险储备定额、建筑物资季节储备定额、综合物资储备定额、建筑物资储备资金的制定方法；熟悉建筑物资储备的概念、构成、进行物资储备考核常用的指标；了解建筑物资储备定额的概念、物资储备的作用、建筑物资储备定额的分类、建筑物资储备管理的主要工作内容 技能点：掌握制定建筑物资经常储备、建筑物资保险储备、建筑物资季节储备、综合物资储备、建筑物资储备资金的方法；会用物资储备考核常用的指标反映企业物资储备的情况 单元 4　建筑物资计划管理 知识点：掌握建筑物资计划供需计算与平衡、建筑物资计划与检查、建筑物资计划管理基础工作、建筑物资计划管理的原则；熟悉建筑物资计划业务流程；了解建筑物资计划含义及功能 技能点：能够进行建筑物资计划供需计算，通过计算平衡供需，保证施工顺利进行的同时尽量减少流通及储存费用 单元 5　建筑物资供应管理 知识点：掌握物资供应计划编制的主要工作内容、年度物资需用量和采购量的确定、建筑物资供应计划的管理；了解建筑物资供应管理的含义及内容、物资供应计划的含义、种类及作用 技能点：能够编制物资供应计划；能够进行年度物资需用量和采购量的计算		

续表

课程名称	建筑企业物资管理	120学时	理论70学时 实践50学时
教学内容	单元6　建筑物资采购管理 　　知识点：掌握物资采购管理的含义及原则；熟悉物资采购的渠道和方式，物资采购的方法，物资采购的程序，建筑物资采购合同的管理，供应商选择的指标体系和选择步骤、方法及条件，采购质量管理，供应链管理环境下物资的采购管理；了解建筑物资采购管理含义及任务 　　技能点：熟悉物资采购的方法及程序；能够进行物资采购合同的签订；熟悉物资质量管理 单元7　建筑物资运输管理 　　知识点：掌握物资不合理运输的表现及原因、合理规划物资运输方案的方法、组织物资合理运输；熟悉建筑物资合理运输的概念及意义 　　技能点：如何组织合理运输以减少运输及保管费用 单元8　建筑物资库存管理 　　知识点：掌握降低库存的基本策略，独立需求的库存控制，库存控制的基本方式，库存控制的基本方法，库存定量控制方法，供应链管理环境下的库存问题及库存策略，企业中实际库存控制问题；了解建筑物资库存的意义及物资库存管理的作用 　　技能点：合理制定物资库存计划，核算物资库存数量，既能保证工程顺利进行又能合理确定保管费用 单元9　建筑施工现场物资管理 　　知识点：掌握进料的验收及品质检验，发料领料的含义及功能，发料领料制度的建立，保证领发料顺利进行；退料和催料管理，物资盘点的含义及目的，物资盘点的方法及步骤；残废料的预防与处理；材料物资、构配件的堆放与布置；材料消耗管理及材料周转；了解建筑施工现场物资管理概述 　　技能点：现场材料的进场验收，保管，堆放；领发料管理；现场材料的盘点 单元10　物资材料核算管理 　　知识点：掌握物资材料的收、发、存核算，材料费的分摊，物资材料的计价方法，核算材料采购，以反映监督材料采购资金支出情况，正确计算材料采购成本，加强材料采购管理，核算材料收发存，反映监督材料收发及保管情况，保证材料物资安全完整，汇总分配材料费用，反应监督施工部门材料消耗情况，正确计算物资材料费用 　　技能点：物资材料的收、发、存核算；正确计算材料采购成本；正确计算材料消耗情况，正确计算物资材料费用		
实训项目及内容	物资成本核算实训：从现场物资购进开始到发出为止，核算项目材料的消耗及盘盈盘亏，核算实际成本支出		
教学方法建议	1. 案例教学法 2. 现场教学法		
考核评价要求	1. 采用自评、互评、教师评价相结合的方式 2. 考核评价组成要素：学生出勤、课堂表现、作业完成情况、期末考试成绩、实训成果、团队协作 3. 合理设置考核评价组成要素的权重，体现过程与结果、知识与能力并重的原则 4. 实训项目作为实践课程单独计成绩		

3 教学进程安排及说明

3.1 专业教学进程安排（按校内5学期安排）

建筑经济管理专业教学进程安排　　　　　　　　　　　　附表9

课程类别	序号	课程名称	学　时			课程按学期安排					
			理论	实践	合计	一	二	三	四	五	六
必修课	一、普通教育课程										
	1	思想道德修养与法律基础	30	18	48	√					
	2	毛泽东思想与中国特色社会主义理论体系	50	14	64		√				
	3	形势与政策	8	8	16	√	√	√	√		
	4	国防教育与军事训练	12	24	36	√					
	5	应用数学	60	0	60	√					
	6	体育与健康	55	55	110	√	√				
	7	实用英语	76	14	90	√	√				
	8	应用文写作	14	6	20					√	
	9	计算机基础	30	30	60	√					
	小　计		335	169	504						
	二、专业教育课程										
	10	★建筑与装饰材料	46	14	60	√					
	11	建筑构造与识图	100	20	120	√	√				
	12	建筑结构基础与识图	50	10	60		√				
	13	建筑施工工艺	60	10	70			√			
	14	钢筋翻样与算量	40	20	60				√		
	15	★建筑工程预算	60	30	90				√	√	
	16	会计基础	50	10	60	√					
	17	★施工企业会计	40	10	50				√		
	小　计		446	114	560						
建筑会计与审计方向	F11	会计职业道德	26	4	30				√		
	F12	★中级财务会计	100	30	130		√	√			
	F13	财政与金融	40	10	50				√		
	F14	经济法	50	10	60				√		
	F15	税务与税法	40	10	50					√	
	F16	会计电算化	20	20	40					√	
	F17	房地产企业会计与纳税实务	30	10	40					√	
	F18	★建筑企业财务管理	50	10	60				√		

续表

课程类别	序号	课程名称	学时			课程按学期安排					
			理论	实践	合计	一	二	三	四	五	六
必修课	建筑会计与审计方向										
	F_{19}	★审计基础	50	10	60				√		
	F_{110}	建筑工程工程量清单计价	20	10	30					√	
	F_{111}	建筑工程造价软件应用	20	20	40					√	
		小　计	446	144	590						
	建筑物资供应与管理方向										
	F_{21}	管理原理	40	5	45		√				
	F_{22}	房屋设备基础	50	10	60				√		
	F_{23}	★招标采购法律法规	50	10	60			√			
	F_{24}	建筑工程项目管理	50	10	60				√		
	F_{25}	★建筑企业物资管理	70	20	90					√	
	F_{26}	物资管理信息系统的应用	20	20	40					√	
	F_{27}	现代物流管理概论	50	10	60					√	
	F_{28}	电子商务概论	40	10	50				√		
	F_{29}	建筑工程资料管理	20	10	30					√	
		小　计	390	105	495						
	合计	建筑会计与审计方向	1227	427	1654						
		建筑物资供应与管理方向	1171	388	1559						
选修课	三、限选课程										
	1	公共关系	20	10	30	√					
	2	建设法规	24	6	30		√				
	3	建筑经济	24	6	30			√			
	4	项目决策分析与评价	20	10	30				√		
	5	专业英语	24	6	30					√	
		小　计	112	38	150						
	四、任选课程										
		小　计			150	√	√	√	√	√	
		合　计			300						

注：1. 标注★的课程为专业核心课程；

2. 每学期按20周考虑；

3. 根据专业方向拓展专业能力，选择任选课内容，学时不少于150。

3.2 实践教学安排

建筑经济管理专业实践教学安排　　　　　附表10

序号	项目名称	教学内容	对应课程	学时	实践教学项目按学期安排					
					一	二	三	四	五	六
1	建筑材料检测实训	1. 水泥检测 2. 砂、石检测 3. 混凝土试配与检测 4. 钢筋检测 5. 墙体材料检测	建筑与装饰材料	10	√					
2	民用建筑施工图识读实训	对已有建筑物测量分析，并绘出其主要的平、立、剖面图和建筑详图	建筑构造与识图	30		√				
3	建筑基础认知实训	对照实物，理解建筑物的结构、构造、内部设备的组成、建筑物各组成部分的基本构造与施工工艺	建筑与装饰材料 建筑构造与识图 建筑结构基础与识图 建筑施工工艺 房屋设备基础	30		√				
4	钢筋翻样与算量实训	计算框架剪力墙结构施工图中典型构件的钢筋工程量，要求写出计算书，绘制钢筋翻样图	钢筋翻样与算量	30				√		
5	建筑工程预算实训	施工图预算文件编制	建筑工程预算	60					√	
6	会计基础业务处理实训	建立会计账户、填制审核凭证、登记账簿、核对账簿、编制会计报表、装订成册	会计基础	30	√					
7	施工企业成本核算实训	建立会计账户、填制审核凭证、登记账簿、核对账簿、编制会计报表、装订成册	施工企业会计	30					√	
8	毕业顶岗实习	根据专业方向进行相关岗位实习		540						√

续表

序号		项目名称	教学内容	对应课程	学时	实践教学项目按学期安排					
						一	二	三	四	五	六
建筑会计与审计方向	F_{11}	财务会计业务处理实训	处理常见经济业务，编制财务报表	中级财务会计	60			√			
	F_{12}	房地产开发成本会计业务处理	以设定的小型房地产开发企业某月份的经济业务为对象，核算土地或房屋的开发成本	房地产企业会计与纳税实务	30					√	
	F_{13}	工程量清单计价实训	建筑工程工程量清单文件编制，建筑工程招标控制价的确定	建筑工程工程量清单计价	30					√	
	F_{14}	建筑企业财务管理实训	建筑企业筹资决策、投资项目决策、财务计划、财务控制、财务分析	建筑企业财务管理	30				√		
	F_{15}	审计基础实训	编制审计计划；收集充分适当的审计证据，编制审计工作底稿；对审计证据进行分析、鉴别，形成恰当的审计意见，出具审计报告	审计基础	30				√		
	F_{16}	工程造价综合实训	运用工程造价软件编制投标报价文件		90					√	
	F_{17}	财务会计综合实训	手工进行施工企业主要经济业务的会计处理 电算化进行施工企业主要经济业务的会计处理		120					√	
建筑物资供应与管理方向	F_{21}	工程项目物资成本核算实训	从现场物资购进开始到发出为止，核算项目物资的消耗及盘盈盘亏，核实际成本支出	建筑企业物资管理	30				√		
	F_{22}	单位工程施工组织设计实训	根据所给工程资料，编制一般土建工程施工组织设计文件	建筑工程项目管理	30				√		

续表

序号		项目名称	教学内容	对应课程	学时	实践教学项目按学期安排					
						一	二	三	四	五	六
建筑物资供应与管理方向	F_{23}	物流单证实训	常用物流单证的填写和编制	现代物流管理概论	30					√	
	F_{24}	物资采购招标文件编制实训	一般物资采购的招标文件编制	招投标与合同管理	30					√	
	F_{25}	工程项目物资管理综合实训	编制工程项目物资需求量计划、采购计划、现场管理计划、供应计划、进行物资成本核算和工程项目物资成本核算 采用物资管理信息系统辅助管理		210					√	
合计			建筑会计与审计方向		1150						
			建筑物资供应与管理方向		1150						

注：每周按30学时计算。

3.3 教学安排说明

实行学分制时，建议总学分为140，理论课程16～18学时折算1学分，实践课程30学时折算1学分。

附录 2

建筑经济管理专业校内实训及校内实训基地建设导则

1 总则

1.0.1 为了加强和指导高职高专教育建筑经济管理专业校内实训教学和实训基地建设，强化学生实践能力，提高人才培养质量，特制定本导则。

1.0.2 本导则依据建筑经济管理专业学生的专业能力和知识的基本要求制定，是《高职高专教育建筑经济管理专业教学基本要求》的组成部分。

1.0.3 本导则适用于建筑经济管理专业校内实训教学和实训基地建设。

1.0.4 本专业校内实训应与校外实训相互衔接，实训基地应与其他相关专业及课程的实训实现资源共享。

1.0.5 建筑经济管理专业校内实训教学和实训基地建设，除应符合本导则外，尚应符合国家现行标准、政策的有关规定。

2 术语

2.0.1 实训

在学校控制状态下，按照人才培养规律与目标，对学生进行职业能力训练的教学过程。

2.0.2 基本实训项目

与专业培养目标联系紧密，且学生必须在校内完成的职业能力训练项目。

2.0.3 选择实训项目

与专业培养目标联系紧密，根据学校实际情况，宜在学校开设的职业能力训练项目。

2.0.4 拓展实训项目

与专业培养目标相联系，体现学校和专业发展特色，可在学校开展的职业能力训练项目。

2.0.5 实训基地

实训教学实施的场所，包括校内实训基地和校外实训基地。

2.0.6 共享性实训基地

与其他院校、专业、课程共用的实训基地。

2.0.7 理实一体化教学法

即理论实践一体化教学法，将专业理论课与专业实践课的教学环节进行整合，通过设定的教学任务，实现边教、边学、边做。

3 校内实训教学

3.1 一般规定

3.1.1 建筑经济管理专业必须开设本导则规定的基本实训项目,且应在校内完成。

3.1.2 建筑经济管理专业应开设本导则规定的选择实训项目,且宜在校内完成。

3.1.3 学校可根据本校专业特色,选择开设拓展实训项目。

3.1.4 实训项目的训练环境宜符合实际工作岗位的真实环境。

3.1.5 本章所列实训项目,可根据学校所采用的课程模式、教学模式和实训教学条件,采取理实一体化教学或独立于理论教学进行训练;可按单个项目开展训练或多个项目综合开展训练。

3.2 基本实训项目

3.2.1 本专业的校内基本实训项目应包括建筑材料检测实训、民用建筑施工图识读实训、钢筋翻样与算量实训、会计基础业务处理实训、财务会计业务处理实训、施工企业成本核算实训、建筑工程预算实训、工程量清单计价实训、审计基础实训、工程项目物资成本核算实训、单位工程施工组织设计实训、物资采购招标文件编制实训、工程造价综合实训、财务会计综合实训、工程项目物资管理综合实训等15项。

3.2.2 本专业的基本实训项目应符合表3.2.2的要求。

建筑经济管理专业的基本实训项目　　　　表3.2.2

序号	实训名称	能力目标	实训内容	实训方式	评价要求
1	建筑材料检测实训	能对常用建筑材料的性能进行检测并出具检测报告	水泥检测、集料检测、混凝土试配与性能检测、钢筋检测、墙体材料检测	实操	根据操作规范程度、完成时间、检测报告、爱护仪器、团队协作及现场整洁程度综合评价
2	民用建筑施工图识读实训	能熟练地应用建筑制图规则和方法绘制建筑施工图	对已有建筑物测量分析,并绘出其主要的平、立、剖面图和建筑详图	测量与绘制	根据实训过程、实训成果综合评价,实训成果参照房屋建筑制图统一标准GB/T 50001
3	钢筋翻样与算量实训	能够计算钢筋混凝土构件钢筋工程量	计算框架剪力墙结构施工图中典型构件的钢筋工程量,要求写出计算书,绘制钢筋翻样图	计算与绘图	根据实训过程的阶段性检查记录和实训成果(钢筋翻样结果正确与否、钢筋翻样图绘制正确与否)综合评价

续表

序号	实训名称	能力目标	实训内容	实训方式	评价要求
4	会计基础业务处理实训	能熟练正确地处理会计业务，具有分析问题和解决问题的能力，进而增强从事会计工作的能力	建立会计账户、填制审核凭证、登记账簿、核对账簿、编制会计报表、装订成册	实操	根据实训成果的规范性和实训过程的阶段性检查记录进行评价
5	财务会计业务处理实训	能正确判断和处理各类经济业务的能力，能较为熟练地对日常经济业务进行会计核算，能够编制企业主要财务报表	处理常见经济业务，编制财务报表	实操	根据实训成果的规范性和实训过程的阶段性检查记录进行评价
6	施工企业成本核算实训	能熟练地正确处理施工企业成本核算业务，具有分析问题和解决问题的能力，进而增强从事会计工作的能力	建立会计账户、填制审核凭证、登记账簿、核对账簿、编制成本报表、装订成册	实操	根据实训成果的规范性和实训过程的阶段性检查记录进行评价
7	建筑工程预算实训	能够手工进行施工图预算的编制	施工图预算文件编制	实操	根据实训的完成时间和结果进行评价，实训结果参照相应的预算定额以及相关的标准图集
8	工程量清单计价实训	能够手工进行工程量清单以及招标控制价的确定	建筑工程工程量清单文件编制，建筑工程招标控制价的确定	实操	根据实训的完成时间和结果进行评价，实训结果参照《建筑工程工程量清单计价规范》GB/T 50500
9	审计基础实训	能编制审计工作计划，收集、鉴别审计证据，编制审计工作底稿，出具恰当的审计报告	编制审计计划；收集充分适当的审计证据，编制审计工作底稿；对审计证据进行分析、鉴别，形成恰当的审计意见，出具审计报告	实操	根据实训过程、审计工作底稿和审计报告进行综合评价
10	工程项目物资成本核算实训	能对施工项目现场物资的物资成本支出情况进行核算	从现场物资购进开始到发出为止，核算项目物资的消耗及盘盈盘亏，核算实际成本支出	实操	根据实训成果的规范性和实训过程的阶段性检查记录进行评价
11	单位工程施工组织设计实训	能编制单位工程施工组织设计	根据所给工程资料，编制一般土建工程施工组织设计文件	技术文件编制	根据文件的编制过程和结果进行评价，编制结果参照《建筑施工组织设计规范》GB/T 50502
12	物资采购招标文件编制实训	能编制一般物资采购的招标文件	一般物资采购的招标文件编制	技术经济文件编制	根据招标文件的编制过程和结果进行评价，编制结果参照国家有关招标文件编制规范

续表

序号	实训名称	能力目标	实训内容	实训方式	评价要求
13	工程造价综合实训	能够利用工程造价软件编制投标报价文件	运用工程造价软件编制投标报价文件	实操	根据实训成果的规范性和实训过程的阶段性检查记录进行评价
14	财务会计综合实训	在熟知企业的财会工作制度、会计工作程序和操作规范的前提下,能在手工操作环境下进行施工企业基本经济业务的核算和成本计算,能在电算化环境下进行施工企业基本经济业务的核算和成本计算	手工进行施工企业主要经济业务的会计处理;电算化进行施工企业主要经济业务的会计处理	实操	根据实训成果的规范性和实训过程的阶段性检查记录进行评价
15	工程项目物资管理综合实训	能够进行工程项目物资的全过程管理工作	编制工程项目物资需求量计划、采购计划、现场管理计划、供应计划,进行物资成本核算;采用物资管理信息系统辅助管理	实操	根据实训成果的完整性、规范性和实训过程的阶段性检查记录进行评价

3.3 选择实训项目

3.3.1 建筑经济管理专业的选择实训项目应包括建筑基础认知实训、会计基本技能实训、房地产开发成本会计业务处理实训、建筑企业财务管理实训、建筑工程资料管理实训等5项。

3.3.2 建筑经济管理专业的选择实训项目应符合表3.3.2的要求。

建筑经济管理专业的选择实训项目　　　　表3.3.2

序号	实训名称	能力目标	实训内容	实训方式	评价要求
1	建筑基础认知实训	提高学生对建筑材料、建筑构造、施工工艺的整体了解和识图能力,为后续专业课奠定基础	对照实物,理解建筑物的结构、构造、内部设备的组成、建筑物各组成部分的基本构造与施工工艺	参观	根据实习日记和答辩对其进行评价
2	会计基本技能实训	熟练掌握会计基本技能	算盘、小键盘输入、点钞	实操	按照一般财务人员的基本能力要求对学生进行量化考核
3	房地产开发成本会计业务处理实训	能进行房地产开发成本的核算	以设定的小型房地产开发企业某月份的经济业务为对象,核算土地或房屋的开发成本	实操	根据实训成果的规范性和实训过程的阶段性检查记录进行评价

续表

序号	实训名称	能力目标	实训内容	实训方式	评价要求
4	建筑企业财务管理实训	能进行建筑企业财务管理	建筑企业筹资决策、投资项目决策、财务计划、财务控制、财务分析	技术文件编制	根据技术文件的编制过程和编制结果进行评价
5	建筑工程资料管理实训	能够对工程项目资料进行填写、报验、收集、整理、归档，并按要求进行组卷、移交	原材取样送检、检验批划分、填写施工现场资料、资料归档整理、分类、组卷、装订和移交	实操	根据实训成果的完整性、规范性，实训过程的阶段性检查记录进行评价

3.4 拓展实训项目

3.4.1 建筑经济管理专业可根据本校专业特色，自主开设物流单证实训、物资采购交易模拟演练实训等。

3.4.2 建筑经济管理专业开设的拓展实训项目，宜符合表3.4.2的要求。

建筑经济管理专业的拓展实训项目　　　　表3.4.2

序号	实训名称	能力目标	实训内容	实训方式	评价要求
1	物流单证实训	能对常用的物流单证进行填写和编制	常用物流单证的填写和编制	实操	根据实训成果的规范性和实训过程的阶段性检查记录进行评价
2	物资采购交易模拟演练实训	具有组织物资采购项目的开标、评标、定标的能力	开标、评标、定标模拟演练	模拟演练	根据对流程的熟悉程度、团队协作以及结果的合理性进行综合评价

3.5 实训教学管理

3.5.1 各院校应将实训教学项目列入专业培养方案，所开设的实训项目应符合本导则要求。

3.5.2 每个实训项目应有独立的教学大纲和考核标准。

3.5.3 学生的实训成绩应在学生学业评价中占一定的比例，独立开设的实训项目应单独记载成绩。

4 校内实训基地

4.1 一般规定

4.1.1 校内实训基地的建设，应符合下列原则和要求：

1 因地制宜、开拓创新，具有实用性、先进性和效益性，满足学生职业能力培养的需要；

2 实训设备应优先选用工程用设备。

4.1.2 各院校应根据学校区位、行业和专业特点，积极开展校企合作，探索共同建设校内实训基地的有效途径，积极探索虚拟工作环境等实训新手段。

4.1.3 各院校应根据区域学校、专业以及企业布局情况，统筹规划、建设共享型实训基地，努力实现实训资源共享，发挥实训基地在实训教学、员工培训、技术研发等多方面的作用。

4.2 校内实训基地建设

4.2.1 基本实训项目的实训设备（设施）和实训室（场地）是开设本专业的基本条件。各院校应达到本节要求。

选择实训项目、拓展实训项目在校内完成时，其实训设备（设施）和实训室（场地）应符合本节要求。

4.2.2 建筑经济管理专业校内实训基地的场地最小面积、主要设备名称及数量见表 4.2.2-1～表 4.2.2-8。

注：本导则按照 1 个教学班实训计算实训设备（设施）。

建筑基础认知实训设备配置标准　　　　　　　　　　表 4.2.2-1

序号	实训任务	实训类别	主要实训设备(设施)名称	单位	数量	实训室(场地)面积
1	专业基础认知实训	选择实训	整体建筑模型，能够展现建筑物的结构、构造及内部设备的组成及其关系	套	1	不小于 200m²
			工艺模型，能够展现建筑物各组成部分的基本构造与施工工艺	套	1	
			多媒体设备	套	1	

建筑材料检测实训设备配置标准　　　　　　　　　　表 4.2.2-2

序号	实训任务/项目	实训类别	主要实训设备(设施)名称	单位	数量	实训室(场地)面积
1	水泥检测实训/细度、凝结时间、体积安定性、水泥胶砂强度	基本实训	负压筛析仪	台	2	不小于 80m²
			水泥净浆搅拌机	台	2	
			标准法维卡仪	台	8	
			沸煮箱	台	2	
			湿气养护箱	台	1	
			行星式胶砂搅拌机	台	2	
			水泥胶砂振实台	台	2	
			水泥抗折强度试验机	台	2	
			水泥抗压强度试验机	台	2	

续表

序号	实训任务/项目	实训类别	主要实训设备(设施)名称	单位	数量	实训室(场地)面积
2	混凝土用集料检测实训/筛分析、表观密度、堆积密度	基本实训	砂石方孔筛	套	8	不小于80m²
			鼓风烘箱	台	1	
			摇筛机	台	2	
3	混凝土试配与检测/和易性、表观密度、强度	基本实训	坍落度筒及其振捣棒	套	8	室外场地不小于200m²；混凝土养护实训室不小于50m²；强度检测利用学院力学实训室
			混凝土试模	组	8	
			混凝土恒温恒湿养护箱	台	1	
			压力试验机	台	1	
4	钢筋检测/拉伸、冷弯	基本实训	万能材料试验机	台	1	利用学院力学实训室进行检测
5	墙体材料检测/强度	基本实训	压力试验机	台	1	利用学院力学实训室进行检测

民用建筑施工图识读实训设备配置标准 表4.2.2-3

序号	实训任务	实训类别	主要实训设备(设施)名称	单位	数量	实训室(场地)面积
1	民用建筑施工图识读实训	选择实训	计算机及CAD制图软件	台	50	不小于70m²
			皮尺、卷尺等	套	17	
			建筑施工图	套	10	

会计基本技能实训设备配置标准 表4.2.2-4

序号	实训任务	实训类别	主要实训设备(设施)名称	单位	数量	实训室(场地)面积
1	会计基本技能实训	选择实训	计算机	台	50	不小于60m²
			算盘	个	50	

物资采购交易模拟演练实训设备配置标准 表4.2.2-5

序号	实训任务	实训类别	主要实训设备(设施)名称	单位	数量	实训室(场地)面积
1	物资采购交易模拟演练实训	拓展实训	多媒体设备及相关设施	套	1	不小于60m²

工程造价综合实训设备配置标准 表4.2.2-6

序号	实训任务	实训类别	主要实训设备(设施)名称	单位	数量	实训室(场地)面积
1	工程造价综合实训	基本实训	图纸等	套	50	不小于70m²
			计算机	台	50	
			造价软件(网络版)	套	1	

财务会计综合实训设备配置标准 表 4.2.2-7

序号	实训任务	实训类别	主要实训设备(设施)名称	单位	数量	实训室(场地)面积
1	财务会计综合实训	基本实训	账簿、凭证、报表	套	50	不小于 70 m²
			计算机	台	50	
			财务软件(网络版)	套	1	

工程项目物资管理综合实训设备配置标准 表 4.2.2-8

序号	实训任务	实训类别	主要实训设备(设施)名称	单位	数量	实训室(场地)面积
1	工程项目物资管理综合实训	基本实训	图纸等	套	50	不小于 70 m²
			计算机	台	50	
			物资管理信息系统软件(网络版)	套	1	

4.3 校内实训基地运行管理

4.3.1 学校应设置校内实训基地管理机构，对实践教学资源进行统一规划，有效使用。

4.3.2 校内实训基地应配备专职管理人员，负责日常管理。

4.3.3 学校应建立并不断完善校内实训基地管理制度和相关规定，使实训基地的运行科学有序，探索开放式管理模式，充分发挥校内实训基地在人才培养中的作用。

4.3.4 学校应定期对校内实训基地设备进行检查和维护，保证设备的正常安全运行。

4.3.5 学校应有足额资金的投入，保证校内实训基地的运行和设施更新。

4.3.6 学校应建立校内实训基地考核评价制度，形成完整的校内实训基地考核评价体系。

5 实训师资

5.1 一般规定

5.1.1 实训教师应履行指导实训、管理实训学生和对实训进行考核评价的职责。实训教师可以兼职。

5.1.2 学校应建立实训教师队伍建设的制度和措施，有计划地对实训教师进行培训。

5.2 实训师资数量及结构

5.2.1 学校应依据实训教学任务、学生人数合理配置实训教师，每个实训项目不宜少于2人。

5.2.2 各院校应努力建设专兼结合的实训教师队伍，专兼职比例宜为1:1。

5.3 实训师资能力及水平

5.3.1 学校专任实训教师应熟练掌握相应实训项目的技能，宜具有工程实践经验及相关职业资格证书，具备中级（含中级）以上专业技术职务。

5.3.2 企业兼职实训教师应具备本专业理论知识和实践经验，经过教育理论培训，指导施工工种实训的企业兼职实训教师应具备相应专业技术等级证书。其余兼职教师应具有中级及以上专业技术职务。

附录 A　本导则引用标准

建筑施工安全检查标准 JGJ 59
混凝土结构施工图平面整体表示方法制图规则和构造详图 03G101
建筑工程工程量清单计价规范 GB 50500
建设工程项目管理规范 GB/T 50326
建筑施工组织设计规范 GB/T 50502
房屋建筑制图统一标准 GB/T 50001
企业会计准则

附录 B　校外实训

一般规定

1　校外实训是学生职业能力培养的重要环节，各院校应高度重视，科学实施。
2　校外实训应以实际工作岗位任务为载体，侧重于学生职业综合能力的培养。

校外实训基地

1　建筑经济管理专业校外实训基地应建立在具有较好资质的建筑企业、房地产开发企业、工程项目管理等咨询企业。
2　校外实训基地应能提供与本专业培养目标相适应的职业岗位，并宜对学生实施轮岗实训。
3　校外实训基地应具备符合学生实训的场所和设施，具备必要的学习及生活条件，并配置专业人员指导学生实训。

校外实训管理

1　校企双方应签订协议，明确责任，建立有效的实习管理工作制度。
2　校企双方应有专门机构和专门人员对学生实训进行管理和指导。
3　校企双方应共同制定学生实训安全制度，采取相应措施保证学生实训安全，学校应为学生购买意外伤害保险。

4 校企双方应共同成立学生校外实训考核评价机构，共同制定考核评价体系，共同实施校外实训考核评价。

本导则用词说明

为了便于在执行本导则条文时区别对待，对要求严格程度不同的用词说明如下：
1 表示很严格，非这样做不可的用词：
   正面词采用"必须"；
   反面词采用"严禁"。
2 表示严格，在正常情况下均应这样做的用词：
   正面词采用"应"；
   反面词采用"不应"或"不得"。
3 表示允许稍有选择，在条件许可时首先应这样做的用词：
   正面词采用"宜"或"可"；
   反面词采用"不宜"。